少儿足球
基础技术与训练

盘带与控球

青少年足球运动研创组　编著

全彩
图解视频
学习版

人民邮电出版社

北京

图书在版编目（CIP）数据

少儿足球基础技术与训练. 盘带与控球 ：全彩图解视频学习版 / 青少年足球运动研创组编著. -- 北京 ：人民邮电出版社，2023.7
　ISBN 978-7-115-60005-9

　Ⅰ．①少… Ⅱ．①青… Ⅲ．①足球运动－运动训练－少儿读物 Ⅳ．①G843.2-49

　中国版本图书馆CIP数据核字(2022)第167435号

内 容 提 要

"少儿足球基础技术与训练丛书"由18位足球领域专业人士联合编写，意在为少儿足球教练等执教者提供有效的教学参考。

本书是一本适合指导5～12岁少儿发展足球运动的实用工具书。书中采用图文详解的形式介绍了足球运动中盘带和控球技术的动作要点，并提供了部分动作的展示视频。同时，本书针对5～12岁不同年龄段的少儿给出了拿来即用的组织训练方案，致力于帮助中小学体育老师、足球培训教练等丰富教学内容和方法，进而更有效地帮助少儿培养足球兴趣、提高运动能力。

◆ 编　　著　青少年足球运动研创组
　　责任编辑　李　璇
　　责任印制　彭志环
◆ 人民邮电出版社出版发行　北京市丰台区成寿寺路 11 号
　　邮编　100164　　电子邮件　315@ptpress.com.cn
　　网址　https://www.ptpress.com.cn
　　临西县阅读时光印刷有限公司印刷
◆ 开本：700×1000　1/16
　　印张：8　　　　　　　　　2023 年 7 月第 1 版
　　字数：210 千字　　　　　 2023 年 7 月河北第 1 次印刷

定价：49.80 元
读者服务热线：(010)81055296　印装质量热线：(010)81055316
反盗版热线：(010)81055315
广告经营许可证：京东市监广登字 20170147 号

青少年足球运动研创组

主　　　任： 李海鹏

副 主 任： 肖　辉　邓晓磊　孙　奇　范毓魁

研创组成员：

李海鹏——国家体育总局体育科学研究所运动训练研究中心副研究员，国家男子足球队原科研负责人

肖　辉——北京体育大学中国足球运动学院教师、院长助理

邓晓磊——北京体育大学中国足球运动学院教师

孙　奇——中国足球协会甲级联赛北京人和一线队体能教练，北京体育大学外聘体能教师

范毓魁——山西省足球协会原副秘书长，北京中赫国安足球俱乐部原梯队主教练、青训发展负责人，亚足联 A 级教练员，中国足球协会精英青训教练员

李　波——北京市东城区教育科学研究院体育教研员，北京市骨干教师

卢钦龙——北京市培新小学科研主任、高级教师（体育），北京市东城区体育学科带头人

曹　阳——国家男子足球队原队员，天津泰达足球俱乐部原队长

潘勇赫——亚足联职业级教练员，广州足球俱乐部预备队助理教练

许　磊——亚足联职业级教练员，浙江职业足球俱乐部青年队总教练 ，第十四届全运会男子足球甲组（U20）冠军的主教练

叶志竞——上海体育学院副教授，亚足联 A 级教练员，上海申花女子足球队主教练

刘　也——国家体育总局体能训练中心体能训练师，国家队体能教练

崔　磊——济南大黄蜂青少儿足球教育教练员

柳宝毅——亚足联 B 级教练员，原职业足球运动员

廖　韬——中国足球协会甲级联赛湖南湘涛一线队体能教练、青少年足球梯队体能教练，亚足联 / 中国足球协会 C 级教练员

谭廷信——华师科教培训中心体育教研组原组长，"惠运动"数字体育平台发起人，惠考中考体育发起人

翁盈盈——北京市翠微小学体育教师，国家一级田径裁判

赵嘉玮——清华附中稻香湖学校体育教师

前言

足球盘带的英文翻译为"dribble"，原意是流水、涓涓细流，这恰好体现了足球盘带的精髓——行云流水的盘带和运球。流畅的盘带和稳健的运球是足球比赛魅力所在。放眼足坛，盘带大师不胜枚举，既有动作潇洒、假动作逼真的内马尔，也有动作频率快、变向快速的球王梅西；既有节奏感强、技术稳健的齐达内、里克尔梅，更有善于长途奔袭、快如流星的姆巴佩、亨利。他们的精彩盘带和控球给我们留下了无数精彩瞬间。

作为足球初学者，想要学好足球盘带和控球技术，需要做到以下三点。首先要主动思考。要积极思考动作的要领和感觉，尤其是盘带时身体重心的变化、球与身体的位置关系、触球时机的选择等方面，并思考技术动作的运用场景。其次，要持之以恒地练习。不仅要在训练课中努力体会教练员教授的技术动作，还要在课后自主加练，只有不断练习才能熟能生巧。最后，要在比赛中查找不足。比赛是技术动作运用的终极考场，只有通过比赛才能发现自身盘带和控球技术的短板。即便自身技术已经十分娴熟，也要考虑与队友配合情况下的技术运用。

本书介绍的技术动作以基础性练习为主，涵盖从入门到进阶再到强化的全方位训练。只有通过不断的系统训练和比赛打磨，才能掌握盘带与控球技巧并逐渐达到熟练、流畅运用的程度。因此，你需要找到适合自己的学习方法，并愿意比别人付出更多的努力。相信只要坚持下去，你一定能够取得进步。现在就跟随本书一起开始学习吧！

另外需要说明的是，书中绘制的部分插图，未严格按照比例绘制，仅作为示意图辅助读者阅读。

李海鹏

国家体育总局体育科学研究所

目录

v

第 4 章　7~8 岁盘带与控球训练　090

第 5 章　9~10 岁盘带与控球训练　108

第 6 章　11~12 岁盘带与控球训练　117

扫描右侧二维码添加企业微信。

1. 首次添加企业微信，即刻领取免费电子资源。

2. 加入体育爱好者交流群。

3. 不定期获取更多图书、课程、讲座等知识服务产品信息，以及参与直播互动、在线答疑和与专业导师直接对话的机会。

第 1 章

培养控球感觉

控球感觉是指球员对足球的位置、移动和旋转等的控制感觉。对于所有的足球运动员来说，具有良好的控球感觉都是非常重要且必不可少的基本素质，其受天赋影响，但也可以通过后天培养而不断提高。日复一日的基础训练便是提高球感的最佳方法。

踩球（小跳）

小跳踩球练习要求球员用脚掌控制球，以在保持身体平衡的情况下，充分体会触球的感觉。

1 挺胸抬头，用右脚的前脚掌踩住足球，让球在身前。

2 尽量保持原地向上跳起，使双脚离地。落地的同时用左脚踩住球。左右脚轮流踩球，练习规定次数。

小跳踩球的注意点

- 前脚掌充分触球，适当发力，保证动作协调且有节奏感。切忌用力过猛。

- 练习初期可以偶尔低头看球；待动作熟练后，便不可以再低头看球，要始终看向前方。

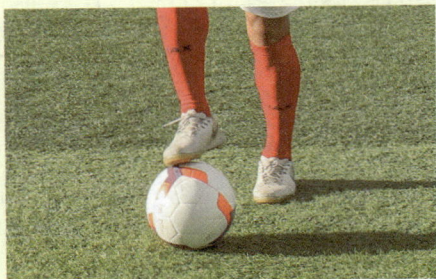

踩球 （两侧横向）

两侧横向踩球练习中，球员要连续跳跃同时完成左右脚交替踩球、踢球。这不仅能提高球感，也能锻炼球员的平衡能力与速度。

1 挺胸抬头，面朝前方，用右脚踩住足球，让球在身前。

2 轻轻将球向左踢，同时向上跳起，使双脚离地。落地的同时用左脚将球停住并立即向右踢。左右脚轮流踩球、踢球，练习规定次数。

两侧横向踩球的注意点

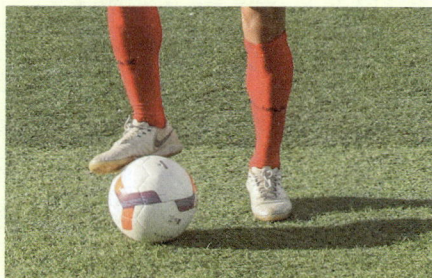

- 练习时，足球要始终处于身体的下方，即未触球的支撑脚要和足球处于同一水平线上。

- 前脚掌充分触球，适当发力，切忌用力过猛。

双脚连续拨球

双脚连续拨球是指球员用脚内侧触球，使足球在两脚之间来回移动的练习，可以帮助球员记住脚内侧触球的感觉。

1 挺胸，目视足球，双脚平行开立，间距略比肩宽，将足球静止摆放在两脚之间。

2 略微跳起，用抬起脚的内侧轻轻触球，将球向支撑脚拨。两只脚交替触球，使足球在双脚之间移动。反复练习双脚连续拨球，练习规定次数。

双脚连续拨球的注意点

- 开始前，将足球放置在身体下方稍前的位置。
- 练习时，要控制触球节奏，保证双脚交替触球。熟练后，可以在双脚连续拨球的基础上尝试使球前后左右移动，或是逐渐加快双脚连续拨球速度。

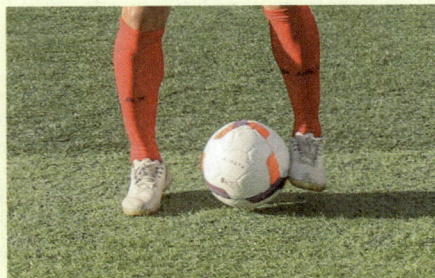

前后拉球

前后拉球要求球员用脚掌触球，使足球在身前前后移动。在比赛中，控球时都经常会用到前后拉球，因此一定要多多练习，打好基础。

1 挺胸抬头，将足球放在身前，右腿屈膝，右脚踩在球上，用脚掌触球。

2 左腿支撑，保持身体平衡，右脚前脚掌触球，将足球前推至控制范围内的最远距离，然后将球拉向身体。以此类推，让足球在身前移动，且不要让球离开自己的控制范围，然后换另一只脚完成相同的练习，练习规定次数。

错误纠正 ⚽

✗ 练习时，低头且弯腰。这样身体不易保持平衡，且练习效果会大打折扣。

✓ 为了保证练习效果，练习时一定要挺胸抬头，目视前方或观察周围的情况，不可以只盯着足球。初学者可以降低球的移动速度，慢慢进行前后拉球练习，以熟悉足球的移动轨迹。

左右拉球

1 双脚开立，间距约与肩同宽，挺胸抬头。将足球放在身体的前方。

2 右脚脚掌前侧触球，向左拉球，使足球水平向左滚动。

4 追上足球后，用左脚内侧将球停住。然后原地调整身体重心，准备向右拉球。

左右拉球要求球员用脚掌前侧触球的方式使足球沿水平方向移动，同时身体随球左右移动。这项练习不仅能提升球员的控球能力，还能提高其灵敏素质。

3 完成拉球后，右脚落在足球的斜后方，同时球员跟随球的移动方向向左跑动追球。

5 用左脚脚掌前侧向右拉球，使足球水平向右滚动，然后球员向右跑动追球，追上球后用右脚内侧停球。以此类推，反复进行左右拉球练习，练习规定次数。

V 字形拉球 （身前）

球员在移动过程中可以通过 V 字形拉球更好地将球控制在自己脚下，这也是非常基础的过人技巧。

1 双脚开立，间距约与肩同宽，挺胸抬头。将足球放在身体的右前方。

2 右腿屈膝，用左脚脚掌触球，将足球拉回至身体正下方附近。

3 转动脚腕，使左脚位于足球的右后方。随后用左脚脚背外侧触球，将足球向左前方拨去。以此类推，用右脚完成相同的动作，练习规定次数。

V 字形拉球 （身后）

本技术也是常用的过人技巧，比上一个动作的难度要大。练习初期可以低头看球，以熟悉动作和路线，待熟练后不应再将注意力全都放在脚下，应时刻注意周边环境。

1 双脚开立，间距约与肩同宽，挺胸抬头。将足球放在身体的右前方。

2 左腿屈膝并用脚尖撑地，右脚脚掌触球后向身体后方拉球。

3 将足球拉至身体的后方后，改用右脚脚弓触球，向身体左前方拨球，让球从左脚后面穿过，换左脚控球。以此类推，用左脚完成相同的动作，练习规定次数。

推拉

推拉练习中，球员需要用脚掌后拉足球和用脚尖前推足球，以锻炼节奏感和双脚的协调性。

1 将足球放在身体的右前方，右脚前脚掌触球。

2 左腿微屈，用以支撑身体，右脚将足球拉回至身体下方。

3 右脚拉回后换右脚脚背触球，脚尖尽量垂直于地面，随后用脚尖将足球向前推出。

4 右脚脚掌触球，在身体前方将球停住。以此类推，用左脚完成相同的动作，练习规定次数。

双脚左右跳拨球

在该练习中，球员用双脚轮流将球踢向对侧，这项练习可以使球员更加熟悉触球的感觉，并培养踢球时的节奏感。

脚弓触球

1 双脚开立，间距约与肩同宽，挺胸抬头。足球静止摆放在两脚中间。

2 右脚脚弓触球，让足球向左滚动。

先停球

再踢球

3 身体随足球向左跳一步，追上足球后，用左脚脚弓停球。

4 将球停住后，立即用左脚脚弓触球，将足球向右拨回。以此类推，练习规定次数。

彩虹盘带

彩虹盘带是一种常用的迷惑对手的技巧。球员的一只脚要像踩空了一样，在足球上方环绕一圈，以此来迷惑对手，达到摆脱对手的目的。

1 双脚开立，间距约与肩同宽。将足球放在身体的右前方。

2 右脚脚掌前侧触球，并向左脚拉球。

3 足球经过身前时，左脚从足球的外侧出发，以不触球的方式在足球上方绕一圈。当足球到达身体的左前方时，用左脚前脚掌停球，并用脚掌将球右拉。以此类推，换右脚完成相同的动作，练习规定次数。

带球后退

带球后退时，球员的支撑腿以小跳的形式一步步向后退，触球脚则快频率、小幅度、有节奏地将球后拉。本练习既能培养球员的球感，也能锻炼球员的平衡能力。

1 将足球放在身体前方，挺胸抬头，目视前方，左脚脚掌触球。

2 右腿向后小跳，左脚轻轻向后拉球，使足球向后滚动。

3 停球前迅速换腿，左腿撑地，右脚将球停住。以此类推，练习规定次数。

🔶 小提示

刚开始练习时，可以尽量让足球离身体远一些，这样控球更加容易。带球后退的过程中，背部挺直，目视前方，在保持身体平衡的同时，还要让足球始终在触球脚的控制范围内。停球时，最好使足球停在身前一步远的位置，该距离会使带球后退的动作更加协调、灵活。

曲线控球

1 双脚开立，间距约与肩同宽，挺胸抬头。将足球放在身体的右前方。

2 左腿撑地，保持身体平衡，右脚脚掌触球，做好控球的准备。

4 足球滚至身体的右前方时，用右脚脚掌停球。

5 依旧用右脚脚掌触球，左腿小幅度向后跳跃的同时，右脚向左后方拉球。

曲线控球练习中，球员后退时，用一只脚控球，让足球在身前及身侧
沿曲线轨迹运动。该练习可以提高球员的球感，熟悉踩拉球的力度和
方向之间的关系。

3 左腿小跳一步，同时右脚向右后方拉球。足球移动至身体的下方时，左腿再次小跳一步，
同时右脚向右前方拨球，使球的移动轨迹呈一条弧线。

6 在足球移动至身体的下方时，左腿再次小跳一步，同时右脚向左前方拨球，使球的移
动轨迹呈一条弧线。以此类推，换左脚完成相同的练习，练习规定次数。

控球向内转身

控球转身也是一种控球技术。在比赛中，球员可以通过向内转身技术避免被对手抢断，或摆脱对方防守球员。

1 带球前进，并时刻注意周围环境。

2 至转身点时，左脚在足球后侧踏实，并准备向左转身，右脚对身前的足球做开大脚的假动作。

3 待足球的移动速度变慢，右腿前伸，用右脚脚弓切球，使球反向移动，在触球的同时快速转身，且转身一定要在触球时一次性完成。

控球向外转身

与向内转身相同，球员在向外转身时，也应尽量在触球时一次性完成180度转身。球员转身时如果触球次数过多，很容易被对手抢断。

1 带球前进，并时刻注意周围环境。

2 右脚对身前的足球做开大脚的假动作。

3 右腿尽量前伸，并用脚背外侧将球向斜后方拨去。

4 触球的同时快速向右转身，转身后继续用右脚触球，将足球向前推进。

脚弓拉球

本练习是彩虹盘带的变式，不仅能培养球员脚弓拉球的球感，还能锻炼球员的节奏感，以及快速反应的能力。

1 双脚开立，间距约与肩同宽，挺胸抬头。将足球放在身体的前方。

2 带球前进，保持足球在两脚之间，向左侧跳的同时右脚脚弓触球，向左拉球，使足球向左前方快速移动。

3 迅速追球，然后将重心放在右腿上，用左脚停球，使足球向右前方缓慢移动。

4 伸出左腿，用左脚脚弓向右拉球。随后双脚交替，完成规定次数。

脚掌→脚弓

当足球横向移动时，球员可以依次用脚掌、脚弓控球，让足球向相反的方向移动；可双脚交替完成该动作，带球迂回前进。

1 右脚脚掌控球，并向左踢球，使足球向左前方移动。

2 球员向左前方跑动，然后用左脚脚弓触球，使足球向右前方慢慢滚动。

3 足球移至右腿前方后，用左脚脚掌触球，向右前方拉球。

4 向右前方跑动，然后用右脚脚弓将足球向左前方推进，重复上述步骤，练习规定次数。

外脚背→脚弓

1 双脚开立，间距约与肩同宽，挺胸抬头。将足球放在右脚前方。

外脚背触球

2 用右脚外脚背触球，让足球向右前方滚动。

脚弓触球

4 追上足球后，用右脚脚弓触球。

5 触球后将足球向左前方踢去，同时稍转身，略微借助脚腕的力量，完成身体的变向。

这是一项基本功训练，球员用外脚背触球后，再用同侧脚脚弓将球送到另一只脚的外脚背位置，使足球以 Z 字形轨迹移动，在双脚之间盘带。

3 身体随足球一起向右前方移动。移动时注意节奏，且不要踩到足球。

外脚背触球

6 身体随足球一起向左前方移动，追上足球后，用左脚外脚背触球，将足球拨到左前方。之后按照相同的步骤，用左脚完成相同的练习，练习规定次数。

拉球→脚弓→外脚背

本练习要求球员先用脚掌拉球，再用脚弓踢球，最后用相同脚的外脚背踢球。此练习不仅可以培养球员的球性，还可以锻炼脚步的灵活性。

1 将足球放在身体的右前方，用右脚脚掌触球，向左后方拉球。

2 拉球至身体下方后，改为用右脚脚弓触球，向左前方踢球。

3 左脚向左侧跨步，右脚准备触球。

4 用右脚外脚背触球，向右前方踢球。以此类推，连续完成多次后，换左脚完成相同的练习，练习规定次数。

外脚背→外脚背

在本练习中，触球脚触球后要始终与足球接触，并自然地改变触球位置来使动作协调。移动时，球员要有脚带球走的感觉，脚与球不能分开。

1 足球放于身体的右前方，右腿向左前方伸去，悬在对侧脚的脚面之上，外脚背准备触球。

2 左腿撑地，向右跳动。跳跃过程中，右脚带动球向右移动，依次用脚掌、脚弓触球，保证球不离开右脚的控制。左脚落地时，右脚脚弓触球，将球停住。换左脚完成相同练习，并练习规定次数。

拉球→外脚背→转身

1 带球前进，保持微屈膝状态，将身体重心放低。

2 踢一次球，待足球的移动速度变慢，用右脚脚掌将球停住，并向后拉。

4 拨球后，足球变为向斜后方移动。完成转身后，先用左脚外脚背将球向前踢出，然后正常带球前进。

本练习可以锻炼球员身体的灵活性和协调性，让球员学会正确处理球与身体的位置关系，使球员在控球时能自由地完成变向、转身等动作。

3 将足球拉至身体下方时，改为右脚外脚背触球，并向斜后方拨球，同时迅速向右转身。

5 前进一段距离后，用左脚重复上述步骤，再次改变足球的移动方向，同时向左转身，之后继续带球前进。练习规定次数。

脚掌踩球→变向

1 双脚开立，间距约与肩同宽，挺胸抬头。将足球放在右脚前方。

2 右脚脚掌踩球，向左拨球，让足球向左滚动。

5 左脚落地后，右腿后伸，使双腿交叉，右脚脚背触球，将球停住。

6 改为右脚控球，将球从身后移至身前。

本练习有一定难度，球员要有从足球上方越过的感觉，并用控球脚停球。在比赛中，本技术可以用于迷惑对方防守球员，从而摆脱防守。

3 右脚拨踢完球后，落在足球的左侧。左脚跃起，随之上步。

4 左脚在跃起时，向前摆动，从足球的左侧绕至足球前方落地。

7 用左脚重复上述步骤，左脚掌踩球，向右拨球，右腿跃起并绕过足球，落地后左腿后伸，用左脚脚背停球。双脚轮流练习，重复规定次数。

脚掌拉球→跨步

跨步是指在足球从身前经过时，一条腿从足球前上方跨过的动作。做本动作时，一定要保证动作的规范性，不然失误率会很高。

1 将足球放在身体右前方，右脚脚掌触球，向左拉球，使足球从身前向左滚动。

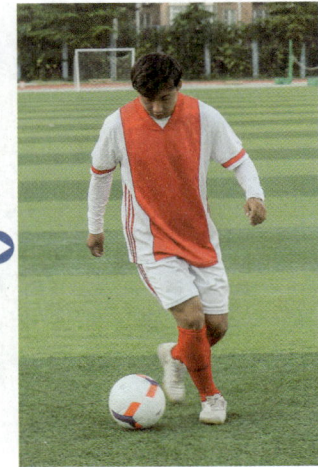

2 拉球后，右脚落在足球的左后侧。

从足球的左侧绕过

3 右脚落地后，左腿向前跨步，并从足球的左侧绕过并落至足球右前方，使足球从两脚中间经过，且双脚都不能触球。

4 右脚随之上步，此时身体在足球的右前方。换左脚完成相同的动作，练习规定次数。

外脚背→脚弓 （加入变化）

本练习不仅能锻炼球员的球感，还能培养球员的空间感，有利于之后球员进行各种复杂突破动作的学习。

1 带球前进，始终用右脚外脚背触球，使球向右前方移动。

2 待足球移动速度变慢后，左脚在足球左后方踏实，右腿向后屈膝并蓄力。

3 右腿发力并前伸至足球的右前方，即足球的前进路线上。随后用右脚脚弓切球，使球变为向左前方滚动。完成上述动作，换用左脚继续带球前进。

停球→跨步→外脚背

1 将球停在身体的右前方。

2 右脚收回，准备跨步。

4 左脚上步时随之屈膝，身体移至足球的右侧。

5 用左脚外脚背触球，向左前方踢球。

本练习可以增强球员下肢的灵活性和协调性，为之后假动作的学习打
下良好的基础。

3 右脚做出向右拨球的假动作　实际从球的左侧向前跨步，最后落在足球的右前方。右
脚落地后，左脚随之上步。

6 身体随之向左前方移动，上前追球，并用左脚前脚掌在身体的左前方停球。之后用左
脚重复上述跨步步骤，双脚轮流练习规定次数。

外脚背→跨步→外脚背

本练习的动作幅度较大，并加入了一个假动作，可以很好地培养球员的球感，同时锻炼球员的平衡能力和协调性。

1 带球前进，用左脚外脚背触球，向左前方拨球。

2 左脚落地后，右脚上步，使右腿从足球右侧跨过。

3 右脚落在足球的左前方，左脚随之上步，同时向右转身，使身体朝向足球用右脚外脚背触球，改变球的移动方向，然后继续用右脚带球向右前方前进。

脚弓→跨步→脚弓

本练习要求球员在完成跨步动作后立即转身变向，需要球员时刻保持身体的稳定，同时保证跨步与转身动作之间衔接的流畅性。

脚弓触球

1 带球前进，用左脚脚弓触球，向右前方拨球。

2 右脚落地，左脚从足球的左侧跨过。

3 左脚随后落在足球的右前方，右脚随之上步。

4 向左转身朝向足球，用右脚脚弓触球，向左前方拨球，然后用右脚重复上述步骤。练习规定次数。

脚弓拉球→跨步→外脚背

1 右脚率先带球前进，即用右脚脚弓触球，向左脚方向拉球。

4 右腿从足球右侧跨过后落在足球左侧；左脚随之上步，从足球的后面经过，最后落在右脚左侧。同时向右轻微转身，使身体朝向足球。

本练习的环节较多，所以在练习时，球员一定要掌握好节奏，并且及时调整身体重心，保证身体的平稳与动作的敏捷。

2 快速转移重心至右脚，并用左脚脚弓触球，将球停住。

3 左腿屈膝，同时向左转身，右腿抬起从足球的右侧跨过。

5 右腿屈膝并抬起，用外脚背触球，向右前方带球。

6 带球前进，然后用左脚重复上述步骤，左右脚轮流进行练习，练习规定次数。

跨步（向内）→ 跨步（向外）→ 外脚背

1 带球前进，然后用右脚触球，向左前方拨球。

2 左脚向左前方上步，追上足球。

4 右脚落地后，左脚随之上步。

向外跨球

5 向右转身，使身体朝向足球。右腿抬起，从足球的左侧跨过，完成向外跨步，即身体的移动方向与足球的移动方向相反。

本练习包括两种不同方向的跨球动作，并要求球员在跨球前后都能准确、稳定地控球。本练习可以使球员的控球能力与动作的灵活性取得显著提升。

向内跨球

3 左脚落地，右腿抬起，从足球的右侧跨过，最后右脚落在足球左侧，完成向内跨步（即身体的移动方向与足球的移动方向一致）。

6 右脚落在足球右侧。

7 左脚从足球后侧绕过后上步，用外脚背触球，向左前方拨球。练习规定次数。

外脚背→脚弓 （2次触球）

本练习要求球员连续用外脚背触球2次，再用脚弓触球，这不仅能够培养球员的球感，还能锻炼球员脚步的灵活性。

1 双脚开立，间距约与肩同宽。将足球放在身体的右前方。

2 用右脚外脚背向右前方拨球，左脚随之上步。重复2次本动作，完成2次触球。

3 完成2次触球后，右脚上步用脚弓完成2次触球，向左前方踢球。换左脚重复上述步骤，左右脚轮流练习，练习规定次数。

第 2 章

盘带技术

盘带技术是指，球员运用不同控球方法让足球紧随自己的移动路线的技术。在比赛中，盘带技术是常用的技术，球员可以通过盘带技术完成过人、摆脱等技战术。

盘带要点

在系统学习盘带技术之前，我们需要先了解盘带技术的要点，找出自己的短板进行针对性练习，以便让之后的学习更加高效。

盘带注意事项：朝目标方向盘带

用外脚背触球，将球向前推出，水平前进。在此期间，球员背部挺直，并始终将球保持在自己的控制范围内。踢球时，要控制好力度，不要太过用力，让球脱离自己的控制范围；也不要让脚离球太近，这样球会妨碍自己前进。

盘带前进的注意点

- 盘带时要保证让球始终在自己的控制范围内，当球远离触球脚或就在脚底下时，球员都无法顺利进行盘带，也容易被对手抢断。

- 进行盘带时，球员应适当控制触球力度，切忌将球过度用力踢出。

盘带注意事项：合理调整球放置的位置

盘带时，足球离球员的脚太近或太远都不能顺利控球，因此球员一定要将球放在自己能控制的范围内。每个人的控制范围都不一样，球员需要经过大量练习才能发现自己盘带时擅长的控球范围。之后，球员便要一直将球控制在这个范围内进行盘带练习。

易犯错误 ⚽

❌　盘带时，重心不要太偏向脚部，这样球很容易影响球员前进的脚步，导致失误。

❌　盘带时，不要一直低着头。在比赛中，这样会导致自己无法观察周围的环境，既无法察觉对手的行为，也会让自己无法与队友及时进行沟通。

盘带注意事项：不失球的盘带——护球

盘带技术不仅能让球员快速将球朝进攻方向推进，还可以帮助球员从容应对对手的逼抢。面临对手的逼抢时，球员一定要尽量让足球远离对手，并随脚下动作快速转动身体，挡在对手与足球之间。此外，球员也要注意观察周围的情况，时刻做好传球或改变进攻方向的准备。

盘带注意事项：护球时放低重心

抬臂屈肘，让对手尽可能远离足球

压低重心

盘带时将重心放低有利于成功护球，抬臂屈肘，双腿微屈，可让球员在力量对抗时保持身体稳定，干扰对手的抢断。

带球基本技术 （带球越过对手）

带球越过对手是一项基础技术，可以瞬间突破对手的防线，以继续开展进攻。

1 带球前进时，如果前方出现准备拦截的防守球员，可以继续控球前进，带球靠近防守球员并准备越过。靠近防守球员时，要冷静观察对方，保持身体的平衡与步法的敏捷，保证足球始终在自己的控制范围内。

2 带球前进，防守球员上前拦截，靠近后快速改变自己的移动方向，让对手瞬间失去平衡，同时将球向移动方向踢去。之后，加速越过防守球员，继续控球前进。

带球基本技术 （通过带球保持控制权）

球员在面对多名防守球员的围攻时，首要任务是保证自己始终保持球的控制权，让球不被对方抢走。

1 在面临对方多名防守球员时，球员如果想要保证足球不被抢走，在控球时应该采取屈膝的姿势，降低自己的重心，同时放宽双脚之间的距离，并让足球尽量靠近触球脚，以进行严密的控球。此外，控球时尽量不要低头看球，要时刻注意周围的情况。

2 如果想要摆脱某名防守球员的防守，且对手靠近时，要看准时机突然变向，并结合身体和脚步的假动作，让对手短暂失去平衡，然后抓住这个防守漏洞控球加速越过防守球员，随后根据场上情况，将球传给附近的队友。

带球基本技术 （带球快速前进）

在比赛中，球员经常会遇到需要快速带球向前推进的时刻。例如，由守转攻时，对方的防守还未完全到位，己方需要快速带球前进，这就需要提高带球前进的速度，以尽快接近对方的球门。

球员在快速带球前进时，应该用外脚背触球，将足球踢至几步远的位置，之后快速追上，并沿最短距离冲向球门。在这期间，球员要保证球始终处于自己的控制范围内，避免丢球；还要保持头部抬起，以便时刻观察场上局势。追球时，球员应大步伐加速向前跑动，同时手臂自然向后摆动，保证动作的流畅性。

错误纠正 ⚽

✘ 带球前进时，一步一停，导致动作之间有停顿，且跑动时步伐较小。

✔ 向前踢球时，用外脚背触球，将球推向前方开阔处，然后加速大步冲向前方，以相同方法继续踢球。不要像普通控球那般用较轻的力度踢球。

人球分过 （从内侧出球）

人球分过一般应用于 1 对 1 防守，且防守球员身后有大片空间时使用。其中，球员出球的时机十分重要，一般是在靠近防守球员合适距离后出球。

1 带球靠近对手，然后脚踝向内扣，用外脚背将球向左前方踢去，使足球从防守球员的身边越过。

2 踢球后，球员快速向右前方跑去，使球和人分别绕过防守球员，甩开对手。

3 加速跑动，绕过在自己行进路线上封堵的防守球员，并尽快追上球，防止球被防守球员劫走，继续控球前进。

人球分过 （从外侧出球）

在进行人球分过前，一定要观察防守球员的位置，保证前方有足够的空间，使自己和球的前进路线不受对方的影响。

1 保持速度不变，带球前进，让对方误以为自己要做直线突破，然后迅速用外脚背将球向右前方踢去。

2 踢球后，球员快速向左前方跑，绕过防守球员，并在防守球员完成转身前将其甩开。

3 绕过防守球员后，球员可以挡在对方的行进路线上封堵对方，使自己在追球的过程中不被对方干扰。

之字形踩单车

1 带球前进，右腿抬起，从足球的左侧向前跨去。

2 跨过足球后，右脚落在足球右侧，落地的同时重心右移。

小提示

　　练习时可以张开双臂，帮助身体保持平衡，并用手臂与防守球员拉开一些距离。摆腿的过程中，核心收紧，并加上转腰的动作，使动作更加敏捷、迅速。脚落地时，重心也要随之转移，为之后的动作做准备。

在进行该练习时，球员先完成一次跨步假动作，随后紧跟第二次跨步假动作，以扰乱防守球员的防守节奏，从而突破防守。

3 重心移至右腿后，左腿屈膝抬起，从足球的后方绕至足球的右后方。

4 左脚移至足球右侧的过程中，左脚脚背触球，并将足球向左前方踢出。

触球点

用左脚脚背的外侧触球，并触碰球的侧面，向左前方踢球。动作一定要简洁、流畅，在防守球员犹豫之时将球踢出。

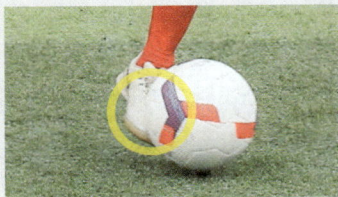

马赛回旋

1 停球时，用前脚掌轻踩住球。

2 向后转身，尽量不要降低重心。在此期间，触球脚跳起越过足球，改为用另一只脚触球。

小提示

即使球员距离防守球员较近，也可以使用马赛回旋来躲避防守球员的铲抢或逼抢。转身时，脚自然触球，以保证足球始终处于自己的控制范围内。注意，转身的方向和角度要根据防守球员的位置与技术特点及周围的具体情况来确定。

马赛回旋动作的代表性人物是出生在法国马赛的齐达内，该动作实用且动作流畅，观赏性较强。

3 完成转身后，背对防守球员，且站在防守球员与球之间。转身过程中，触球脚快速向斜后方拉球，并继续转身，直至朝向足球。绕过防守球员后迅速向前追球，然后继续控球前进。

触球点

马赛回旋的过程中，触球点的位置非常关键。停球与向后拉球时，都是用前脚掌触球。在此期间，球员要始终保持身体的平衡，避免失误。

带球过人 （连续踩单车）

![image][带球前进图]

1 带球前进。不可长时间低头，应时刻观察场上情况。

右脚跨球

2 左腿支撑，右腿屈膝抬起，从足球的左侧向前跨去。

右脚跨球

左脚跨球

4 双脚再依次进行一次跨球。注意，跨球的同时要扭转腰部，调动全身的力量迅速跨过足球，重心也要随之转移，跨步的动作幅度相对要大。

在比赛中，跨步的使用时机和具体次数要根据球员与防守球员之间的
距离和周围的实际情况来确定。

左脚跨球

3 跨过足球后，右脚落在足球的右侧，重心随之右移。之后，左腿屈膝抬起，从足球的
右侧向前跨去，最后落在足球的左侧，重心随之左移。

5 完成最后一次跨球后，用右脚外脚背触球，向斜前方踢球，迅速变向突破防守，之后
继续带球前进。

带球过人 （双脚交替连击）

本技术要求球员在第一次踢球变向后，迅速用另一只脚将球踢出，在防守球员反应过来之前，趁机突破防守。

1 控球前进，当防守球员靠近后，用右脚脚弓触球，向左侧运球，迅速改变球的移动方向。注意，身体不要发生晃动。

2 左脚根据球的移动方向，向斜前方上步。左脚落地前，用脚弓触球，让球改为向前移动。之后迅速追上球，加速带球越过防守球员。

带球过人 （闪电踩单车）

在本练习中，球员通过踩单车动作使防守球员失去身体平衡，并抓住这个瞬间迅速改变球的移动方向，趁机突破防守。

1 控球前进，在防守球员靠近后，左脚支撑，右腿抬起并迅速从足球的左侧向前跨去，最后落在足球的右前方。要观察防守球员的反应与重心的变化，判断能否顺利突破防守。

2 右脚落地后，用脚弓触球，改变球的移动方向，让足球向左前方滚动。

3 根据球的移动方向，左脚迅速向斜前方上步，落地前用脚背向前踢球。越过防守球员后，继续带球前进。

带球过人 （脚底变向）

本技术较为简单，球员在跑动的同时迅速用脚掌拨球，使防守球员很难触碰到足球，从而顺利突破防守。

1 带球前进，并与球保持一定的距离。在防守球员靠近后，正对他，然后右腿屈膝抬起，用脚掌向左拨球，使足球横向移动。

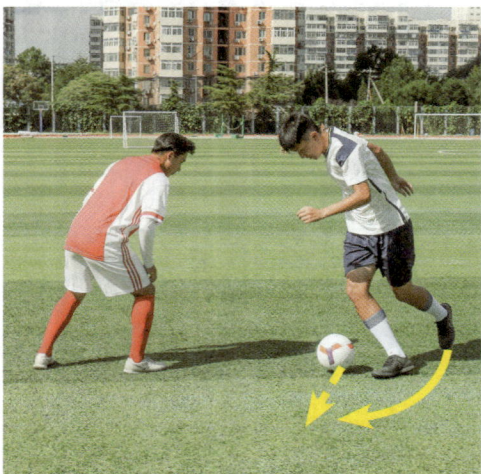

2 右脚拨完球后，落在足球的左后方；左脚随之上步，在落地前用脚弓触球，向前踢球。之后迅速追上足球，加速带球越过防守球员。

带球过人 （穿档过人）

本技术具有出其不意的特点，球员可以利用对手胯下的防守空当，让球从防守球员的双脚之间穿过，从而突破防守。

假动作

1 控球前进，在防守球员靠近后，重心左移，使身体略微向左倾斜，做向左前方踢球的假动作。之后，迅速用右脚脚弓向左拨球。

2 左脚撑地，随球向左跳去。追上足球，当防守球员胯下出现空当时，用右脚外脚背向前方踢球，使球变向，从防守球员的双脚之间穿过。然后迅速绕过防守球员，追上足球后带球前进。

带球过人 （变向转身与外脚背击球）

1 带球前进，防守球员上前防守。在此期间，尽量不要低头，以观察防守球员的动向，并判断球与防守球员的位置关系，选择合适的位置准备转身。

4 根据球的移动方向，继续向左转身，左脚保持悬空，在足球滚到身前时用左脚触球，向斜前方踢球。在此期间，球员应始终背对防守球员，使其没有断球的机会。

本技术是利用了身体大幅度旋转时产生的惯性，配合使球变向的脚下动作，使防守队员无法顺利防守，并很难找到机会出脚断球。

2 右脚向前迈步，跨过足球，落在足球与防守球员之间，同时转身，侧对着防守球员。

3 左腿随之上步，屈膝抬起，同时向左转身，背对着防守球员，左脚移动至足球上方时，用脚掌向后拉球。

5 转身至面朝足球移动的方向，立即出发，迅速向前跑动，将防守球员甩在身后，追上足球后带球前进。

带球过人 （踩单车 + 内外侧连续击球）

1 带球前进，防守球员上前防守。

2 右腿屈膝抬起，从足球的左侧向前跨去。

5 此时，防守球员会跟随移动，进行防守。己方球员落至球的左侧，之后重心右移，身体向右前方倾斜，右腿屈膝抬起，并迅速用右脚外脚背向右前方踢球，使球变向。

3 右脚最后落在足球的右前方，左脚随之上步。

4 重心移至左脚，左脚蹬地，向左跳去，并用右脚脚弓向左踢球。

6 踢球后，迅速向前跑动，并在防守球员做出反应前从其侧面绕过，追上足球后带球前进。

背身过人 （后拉球变向）

利用本技术突破时，球员可以用身体挡住防守球员的视线，使其无法准确判断足球的位置，然后根据防守球员与球的位置关系，灵活转身突破防守。

1 背对防守球员，用身体挡住他的视线，压低重心，右脚脚底触球，踩住足球。之后，左脚轻轻向上跳起，同时右脚向后拉球，将足球拉至身前。

2 手臂抬起，用手和身体对防守球员施加压力。向右转身，在球滚至身前时，右脚外脚背触球，并向斜前方踢球。之后迅速转身，面朝足球移动方向，追上足球后继续带球前进。

背身过人 （脚底停球穿裆）

在本技术中，脚下动作非常重要，球员要保证自己脚底停球与向后拉球的动作衔接流畅，尽量没有停顿，防止防守球员趁机抢断。

1 背对防守球员，观察好球的飞行路线，右腿屈膝抬起，准备停球。

2 在足球落地后，右脚脚底踩住足球，防止其向上反弹。观察防守球员的位置后，寻找合适的时机，右脚迅速向后拉球。

3 让足球从防守球员的双脚之间经过。之后，迅速从防守球员侧面绕过，追上足球后带球前进。

背身过人 （跨步假动作）

1 背对防守球员。此时，身体略微前倾并微压低重心。

2 左脚先向斜后方撤一下步，之后右脚立即上步，向足球靠近。

4 右脚随之上步，落在左脚的右侧，球员身体侧对着足球。

5 快速向左转身，朝向足球。左脚可略微向前上步，调整重心，保持身体平衡。

本技术要求球员在跨步时加入假动作，并在之后迅速、流畅地完成转身，让防守球员无法马上判断出自己的意图，给自己创造突破防守的机会。

3 右脚落地后，身体前倾，向右转胯，使左腿从足球左侧跨过，最后左脚落至足球的左前方。注意，跨球的动作幅度要大。

6 迅速面朝足球后，用右脚触球，将球踢向右前方迅速从防守球员侧面绕过，追上足球后带球前进。

背身过人 （180 度转身——向右带球）

在本技术中，球员先用右脚脚弓将球拉回，然后迅速向左转身 180 度，用右脚外脚背将球向右前方踢出。在此期间，球员一定要以最快的速度完成脚弓与外脚背的交替击球。

1 背对防守球员，之后，用右脚脚弓拉球，同时迅速向左转身 180 度。在此期间，脚弓始终触球，球员带球沿一条弧线运动，使球始终位于自己身前。

2 转身时，左臂可屈肘抬起，挡住防守球员。完成转身后，立即改用右脚外脚背触球，并迅速将球向右前方踢出。之后，加速从防守球员侧面绕过，追上足球后带球前进。

背身过人 （180 度转身——向左带球）

在本技术中，球员用脚弓带球旋转 180 度，让防守球员无法判断自己确切的突破方向，之后在摆脱防守球员的瞬间加速。

1 背对防守球员，用右脚脚弓触球，带球向左转身，此期间始终使足球位于自己身前。

2 在己方正对着防守球员时，防守球员会重心左移，进行防守。此时，球员脚踝迅速发力，轻轻将球向身体的左方拨去。

3 在防守球员反应过来之前，球员身体迅速左转，使自己面朝足球，右脚保持悬空。然后身体前倾，用右脚外脚背触球，将球向左前方踢去。加速从防守球员侧面绕过，追上足球后带球前进。

假动作过人 （虚踢）

1 带球前进，在防守球员靠近后，右腿抬起并向后屈膝，重心左移，做出要传球的假动作，迷惑防守球员。

小提示

　　在做假动作之前，要先仔细观察防守球员的动向，并分析场上情况，从而选择是传球给队友，还是自己继续盘带前进。假动作的基本原则是重心的移动以及动作的衔接。

此技术一般用于边路球员突破内切，或前锋球员在禁区附近的个人突破。一旦选择假动作过人就应坚决、迅速、逼真，犹豫只会让对手识破。

2 趁防守球员重心移动时，立即用右脚向左踢球，同时向左转身，并将支撑腿的膝盖转向左前方。

3 加速前进，从防守球员的侧面绕过，以突破防守。之后尽快追上足球，继续带球前进。

触球点

用脚背内侧触球，改变球的移动方向，使球向斜前方滚动。同时，支撑腿的膝盖也要转向斜前方，让自己能够迅速前进并追上足球。

假动作过人 （后拉）

在自己和防守球员距离较近且两侧无其他防守球员时，可使用后拉假动作来突破防守：先突然停球，然后立刻将球拉至与原运球方向相反的一侧。

1 带球前进，在防守球员靠近后，用右脚脚底踩球，将球停住，吸引防守球员伸脚断球。注意，此时足球不能太靠近防守球员。

2 用右脚迅速后拉球至身前，右脚不落地，迅速改为用右脚脚弓触球，向右前方踢球。之后，加速从防守球员侧面绕过，追上足球后带球前进。

第3章

5~6 岁
盘带与控球训练

本章主要针对球员的盘带与控球能力进行训练，并结合5~6岁少儿的年龄和身体特点，帮助初学足球的5~6岁少儿逐渐掌握控球的要点。对于少儿来说，控球训练的确有一些难度，但多加练习便可熟练掌握控球的要点，可为之后的练习打下坚实的基础。

本章图示说明

传球 / 射门	- - - - →
无球移动	→
有球移动	〰→

花式控球训练

场地布置和组织方法

用 4 个大号锥桶围成边长为 18 米的正方形。每名球员各持 1 个足球，分散在正方形的场地内。

👤 : 3~6 人

⏱ : 15 分钟

💼 : 4 个大号锥桶，每名球员 1 个足球

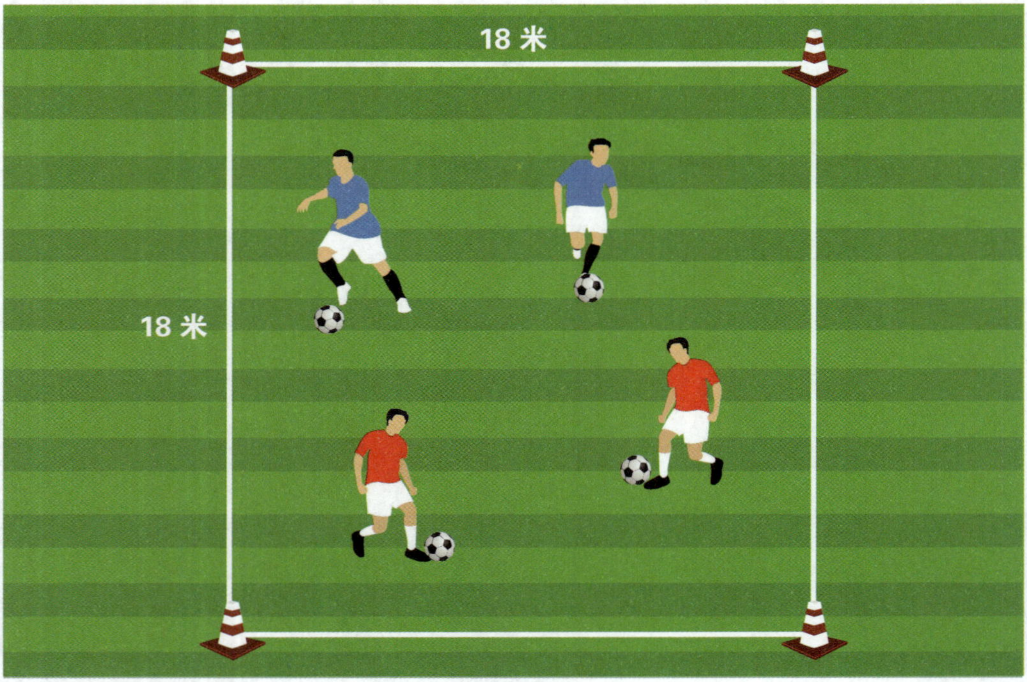

18 米

18 米

（注：上图仅作示意图，部分图片长度比例会有出入，下同。）

训练步骤

① 球员进入场地内，分散站立。随后在固定位置练习控制。

② 除了练习最基础的控球动作，还可改变触球位置、速度、方向等，并多通过推球、拉球等方式改变自己和球的位置关系。

③ 练习转身和跨步等动作。

小提示

球员要尽量在固定的位置练习，不要有过大的移动。此外，练习时不要低头看球，应始终看向前方，并保持身体平衡，以养成良好的控球习惯。

口令游戏

场地布置和组织方法

用4个大号锥桶围成边长为27米的正方形，将3种颜色的比赛点（共9个）随机分布在场地内。每名球员各持1个足球，分散站在正方形中。

👤：6~10人

🕐：10分钟

💼：4个大号锥桶，每名球员1个足球，红色、蓝色、黄色的比赛点各3个

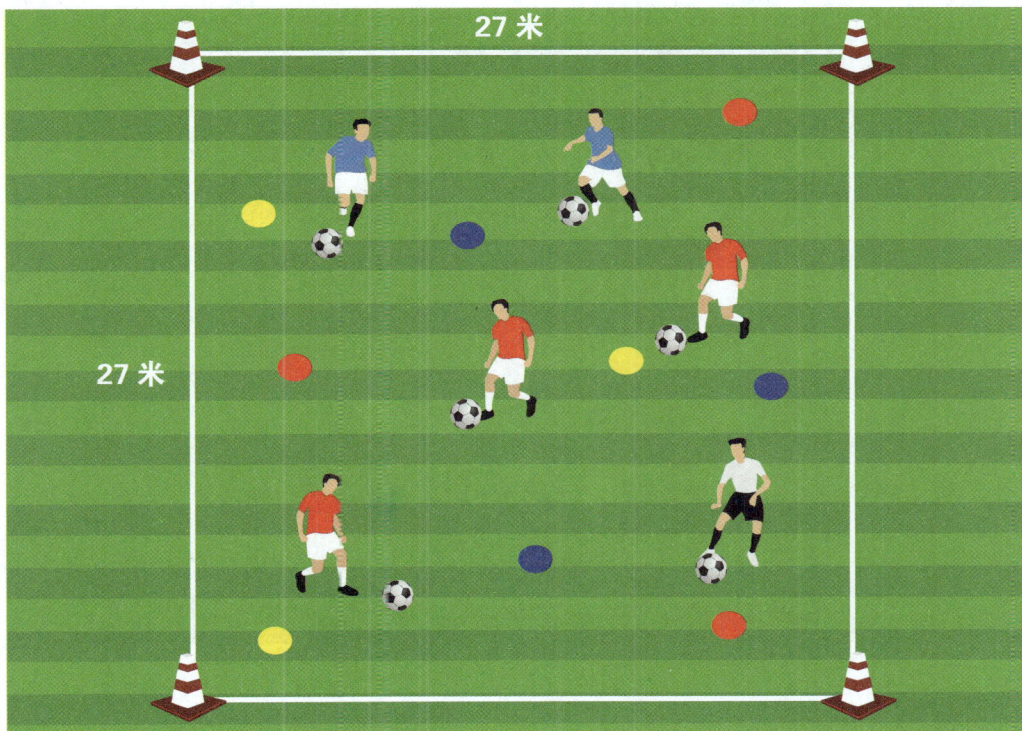

27米

27米

训练步骤

① 球员进入场地内，分散站好，进行带球练习，教练发出信号后，立即停止动作。

② 教练随机喊出红、黄、蓝中的一个颜色，球员迅速带球靠近该颜色的比赛点，最先到达比赛点的球员获胜，其余球员围绕场地跑一圈。

③ 增加转身、跨步等练习动作。

④ 练习一定时间后，教练再次发出信号，所有球员停止动作，随后教练喊出颜色，重复上面的步骤②。

穿越"人墙"

场地布置和组织方法

用 4 个大号锥桶围成边长为 18 米的正方形,球员分为若干组(3 组为宜),每组(4~5 名球员),排成一排,每名球员 1 个足球。

👤: 12~15 人

🕐: 5 分钟

💼: 4 个大号锥桶,每名球员 1 个足球

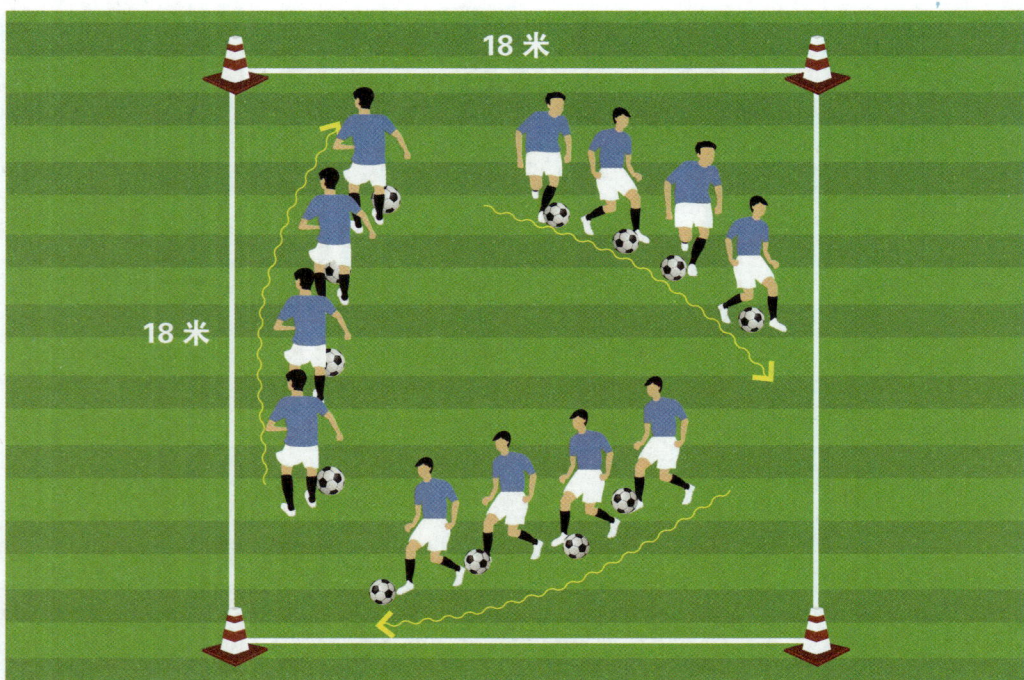

18 米

18 米

训练步骤

① 将球员平均分为若干组(3 组为宜),每组排成一排,以组为单位分散在场地边线附近。

② 教练发出信号后,排在队列首位的球员带领小组球员一起带球前进,围绕场地跑动。

③ 教练再次发出信号后,位于队尾的球员用力将球踢出,使球沿队伍的前进路线移动至队伍前方 4~5 米的位置,然后该名球员迅速追球跑至队列前方,排在队列首位继续带队前进。

④ 教练继续发出信号,每次收到信号,位于队尾的球员都要重复上述步骤,直至每组所有球员都完成一次练习。

循环贴标签训练

场地布置和组织方法

用4个大号锥桶围成一个长为30米、宽为25米的场地，然后用15个小号锥桶围成5个边长为2米的等边三角形，将它们放置在场地的四角及中央位置。

👤 ：7~10人

🕐 ：10分钟

💼 ：4个大号锥桶，15个小号锥桶，若干红色标签，足球数量比球员数量少1个

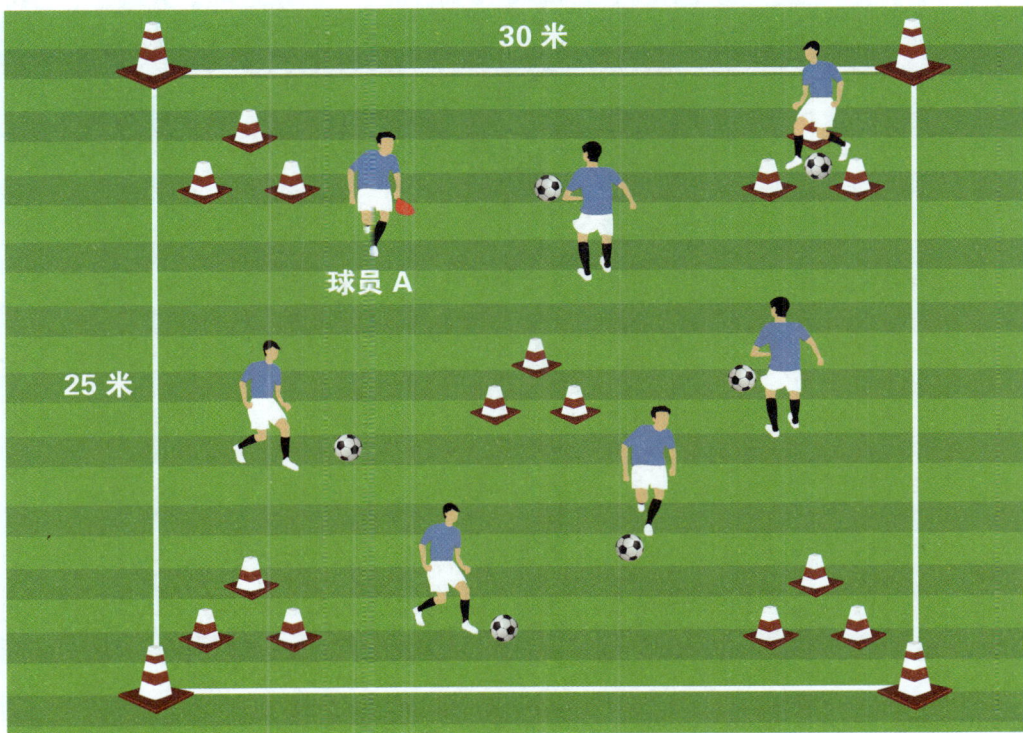

30 米

25 米

球员 A

训练步骤

① 随机选出1名球员A，由他拿着若干红色标签；其他球员分散站在场地内，各带1个足球。

② 教练发出信号后，球员A随意跑动，试图将标签贴在其他球员身上，而其他球员带球进行躲避。被贴上标签或者球出界的球员，双脚开立，站在原地不动，直到有球从他们双脚之间穿过，他才能重新开始活动。

③ 球员可以进入小号锥桶围成的三角形内，在此期间可以不被贴标签。每个三角形中每次只能站1人，每次只能站15秒。除球员A外，其他所有球员都因为被贴了标签站在原地不能动或是达到规定时间后，游戏结束。贴标签的角色由球员轮流担任。

30 秒持续控球训练

场地布置和组织方法

用 4 个大号锥桶围成边长为 9 米的正方形，2 名球员站在场地内，其中 1 人持球，另一人防守。

- 👤 : 2 人
- 🕐 : 5 分钟
- 💼 : 4 个大号锥桶，1 个足球

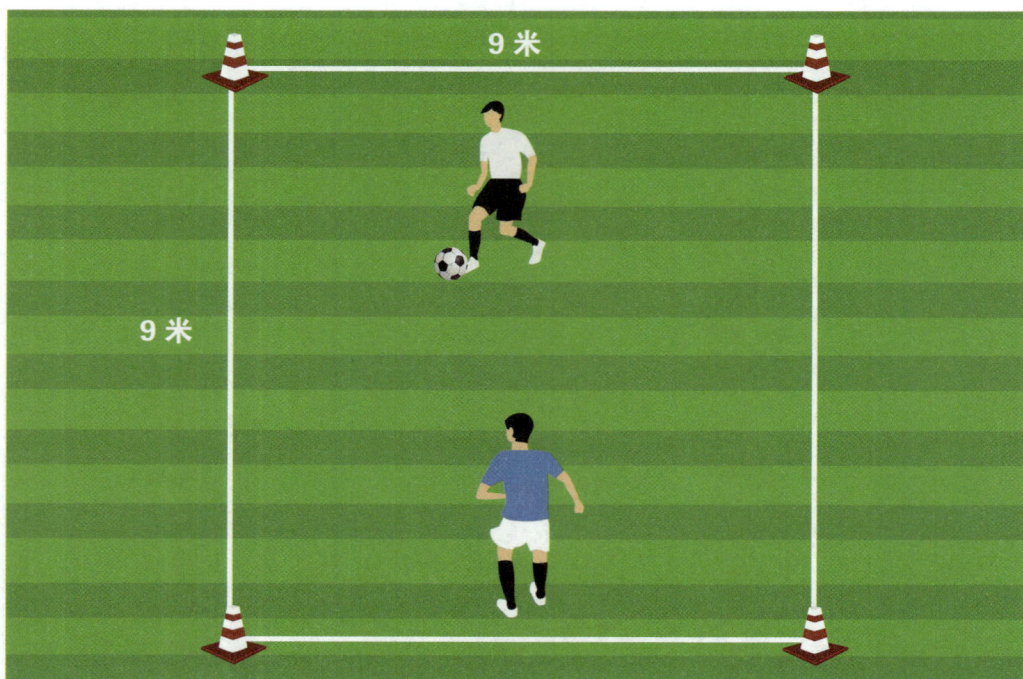

9 米

9 米

训练步骤

① 球员进入场地内，分散站立，其中 1 人持球，另一人防守。

② 教练发出信号后，持球球员开始带球移动，并时刻护球；防守球员对其进行防守，试图抢得足球。

③ 如果球员成功控球 30 秒，则积 1 分，然后交换角色；如果被抢断则直接交换角色；直到满 5 分钟后游戏结束。最后得分多的球员获胜。

小提示

持球球员面对防守球员时，应兼顾带球与护球：用身体将球与防守球员隔开，并尽量让自己处于防守球员的侧面，以创造更多空间顺利突破防守。

趣味单人贴标签训练

场地布置和组织方法

用 4 个大号锥桶围成边长为 27 米的正方形。1 名球员穿红色球衣，手持标签；其他球员 3 人 1 组，每组中 1 人带球，另外 2 人掩护，分散站在场地内。

👤 : 13 人

🕐 : 10 分钟

💼 : 4 个大号锥桶，4 个足球，若干红色标签，1 件红色球衣

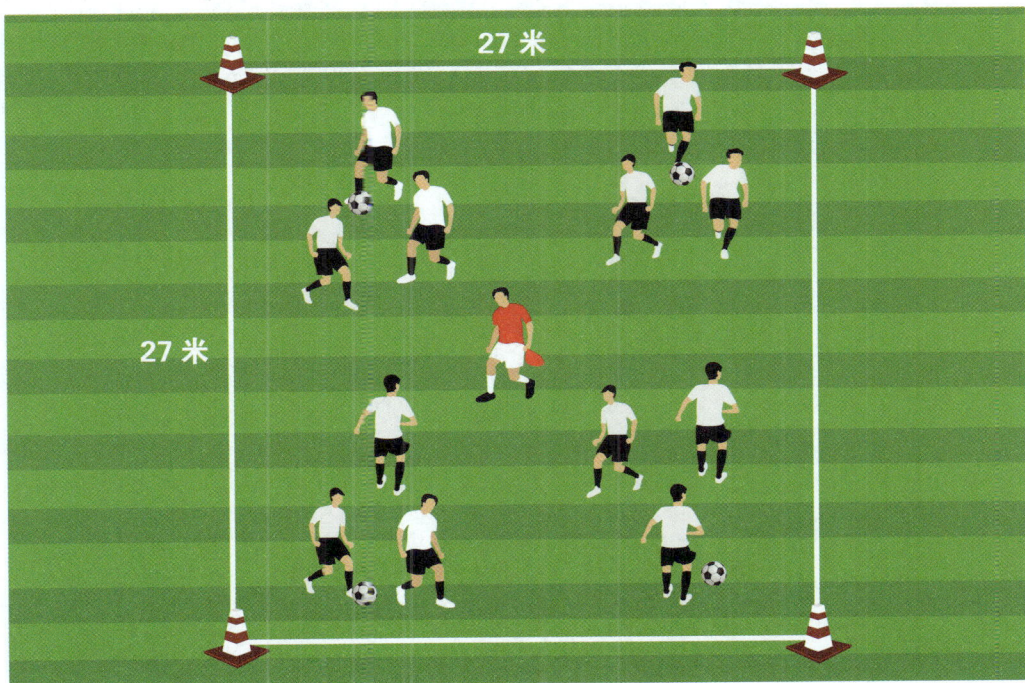

27 米

27 米

训练步骤

① 教练发出信号后，红衣球员试图将标签贴在其他球员身上；其他球员以小组为单位跑动，1 人带球前进，另外 2 人掩护，且掩护的球员最好位于持球球员和红衣球员之间。

② 如果掩护球员被贴上标签，则双脚开立，站在原地不动，直到该组的持球球员使球从他的双脚之间穿过，他才能重新开始活动；如果持球球员被贴上标签或是本组的球出界，则整组球员都要站在原地不动，直到有球从持球球员的双脚之间穿过，3 人才能重新开始活动。

③ 除红衣球员外，其他所有球员都因为被贴了标签站在原地不能动或是达到规定时间后，游戏结束。贴标签和带球的角色由球员轮流担任。

搭档贴标签训练

场地布置和组织方法

用4个大号锥桶围成边长为18米的正方形。每2名球员为1组，每组分配1个足球，其中有1组没有足球并手持标签。

👤 : 8人

🕐 : 10分钟

💼 : 4个大号锥桶，3个足球，若干标签

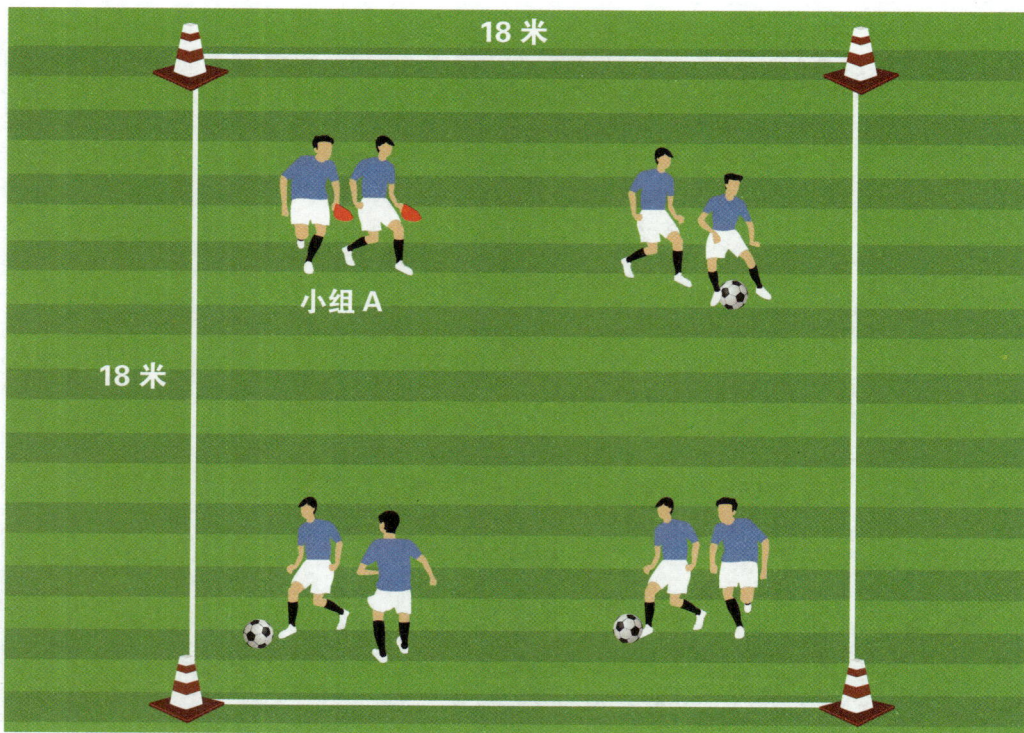

18 米

18 米

小组 A

训练步骤

① 随机指定1个不持球的小组为小组A由他们拿着标签。教练发出信号后，持球小组1人带球前进，另外1人掩护；小组A在场地内追逐其他小组，试图将标签贴在其中1人身上。

② 如果小组内有1人被贴上标签，或本组的球出界，则2人都静止在原地，双脚开立，直到其他小组的持球球员将球从其中1人的双脚之间穿过，2人才能重新开始活动。

③ 除小组A外，其他所有球员都因为被贴了标签站在原地不能动或达到规定时间后，游戏结束。贴标签的角色和带球的角色要由球员轮流担任。

带球躲避贴标签训练

场地布置和组织方法

用 4 个大号锥桶围成边长为 27 米的正方形。每 2 个小号锥桶为 1 组，每组锥桶之间的距离为 2 米，然后将 3 组小号锥桶等距离放在一侧边线附近。5 名球员持球站在另一侧边线外侧；另外 3 名球员仅持标签，站在小号锥桶附近，背对着持球球员。

👤：8 人

🕐：10 分钟

💼：4 个大号锥桶，6 个小号锥桶，5 个足球，若干标签

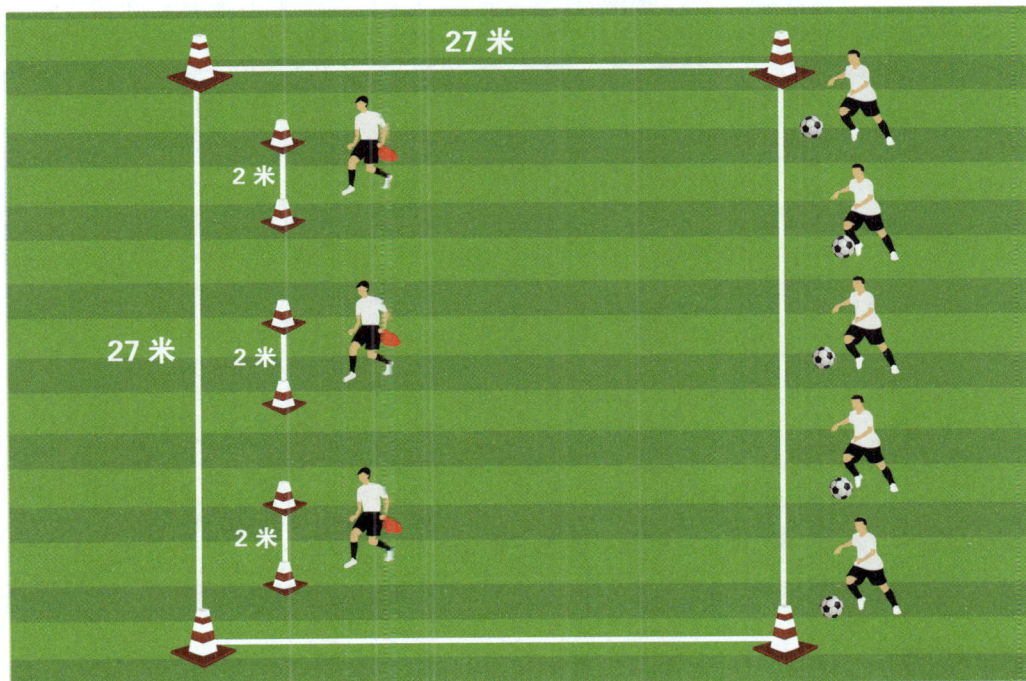

训练步骤

① 教练发出信号后，持球球员带球前进，并尝试带球从任意 1 组小号锥桶之间穿过；不持球的 3 名球员试图给从身边经过的球员贴标签。如果持球球员被贴上标签或球出界，则持球球员返回起点，重新开始；如果持球球员未被贴上标签且成功穿过，得 1 分。教练可以随机吹哨，哨声响后所有持球球员带球返回起点，贴标签的球员进行追逐，若持球球员被贴上标签则也成为贴标签球员。

② 场上没有持球球员或是达到规定时间时，比赛结束，得分最多的球员获胜。

冰山游戏

场地布置和组织方法

用 4 个大号锥桶围成边长为 10 米的正方形。将球员平均分为 2 组，分散在正方形的场地内，每名球员各持 1 个足球。

👤 : 4~10 人

🕐 : 5 分钟

💼 : 4 个大号锥桶，每名球员 1 个足球

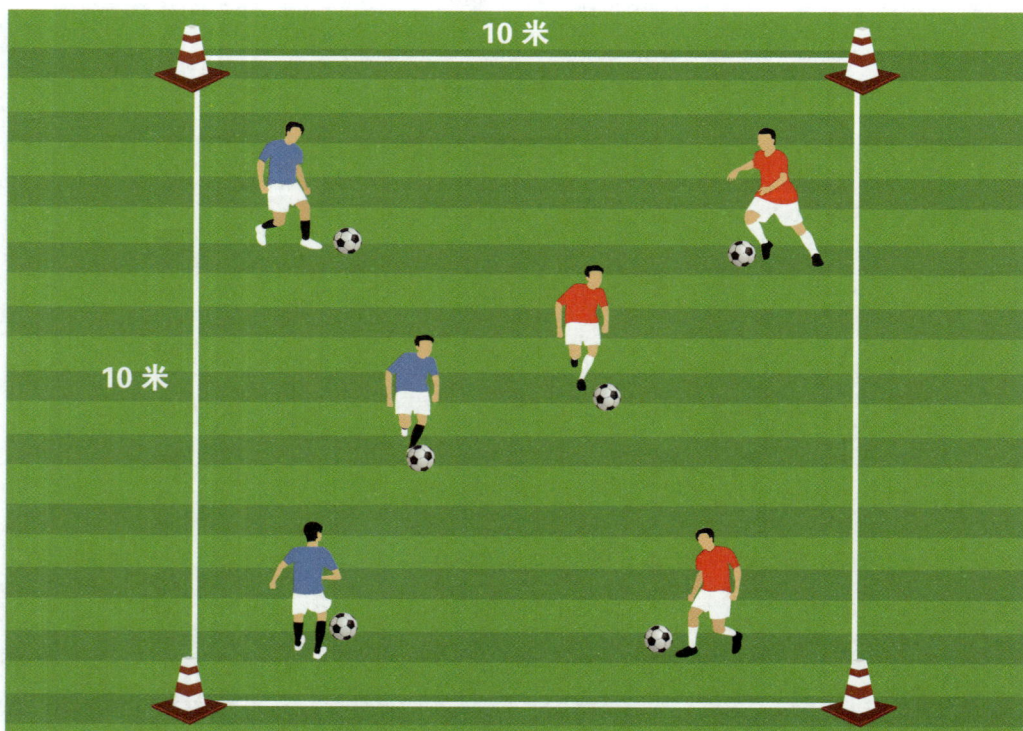

10 米

10 米

训练步骤

① 2 组球员分散站在场地内，自由带球移动。

② 教练随机指定一组，该组球员去捉另一组的球员，用手触碰到对方就算捉住。被捉住的球员将球停住，静止站在原地，直到有队友用手拍了自己后才能继续带球移动。如果自己带的球出界，也算被捉住，将球捡回后站在边界处不动。

③ 如果该组球员在 5 分钟内捉住了另一组的所有球员，则算胜利。随后交换角色，重新开始游戏。

撞球游戏

场地布置和组织方法

用 4 个大号锥桶围成一边长为 10 米的正方形。每名球员各持 1 个足球，分散在正方形的场地内。

👤 : 3 人

🕐 : 10 分钟

💼 : 4 个大号锥桶，每名球员 1 个足球

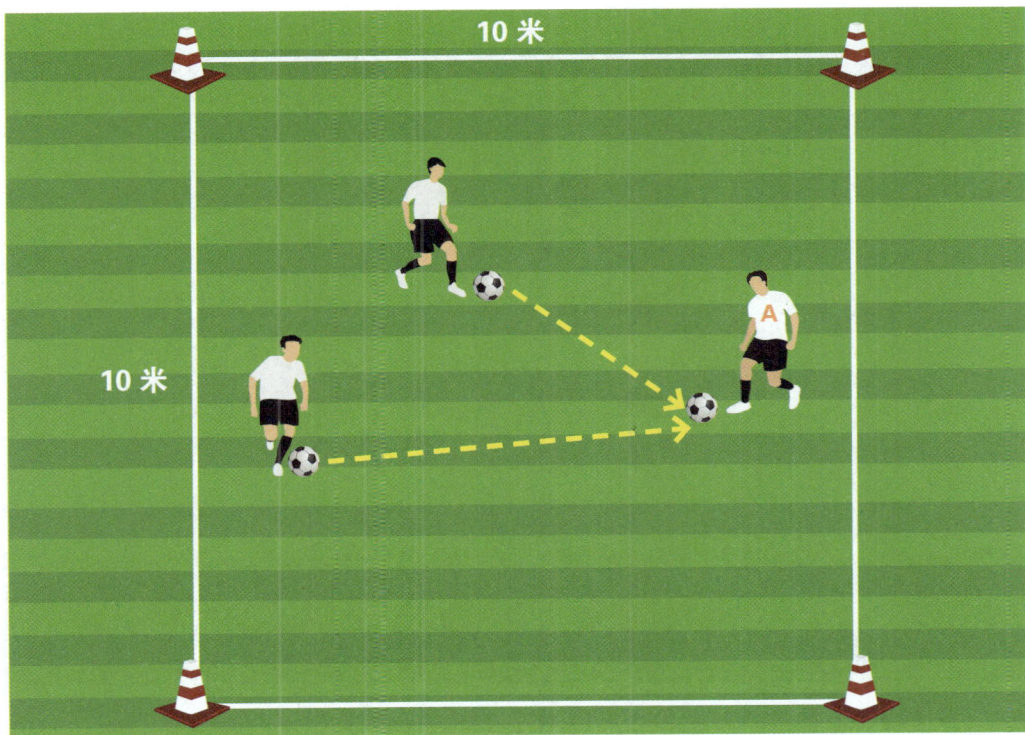

10 米

10 米

训练步骤

① 3 名球员分散在场地内，自由带球移动。教练随机发出指令并指定 1 名球员 A。随后，球员 A 继续带球移动；其余 2 名球员瞄准球员 A 的球，将自己的球踢出，试图将球员 A 的球撞离。注意，其余 2 名球员将球踢出时，可以尝试用脚的不同位置来触球，且不要太过用力，避免使球员 A 受伤。

② 如果有球员顺利将球员 A 的球撞离，得 1 分，并和球员 A 互换角色。达到规定时间后，累计得分最多的球员获胜。

定位攻防战

场地布置和组织方法

在场地上放置 2 个大号锥桶，它们的间距为 10 米。在锥桶之间画一条线，2 名球员分别站在线的两侧。

👤 : 2 人

🕐 : 12 分钟

💼 : 2 个大号锥桶，1 个足球，画线用的粉笔

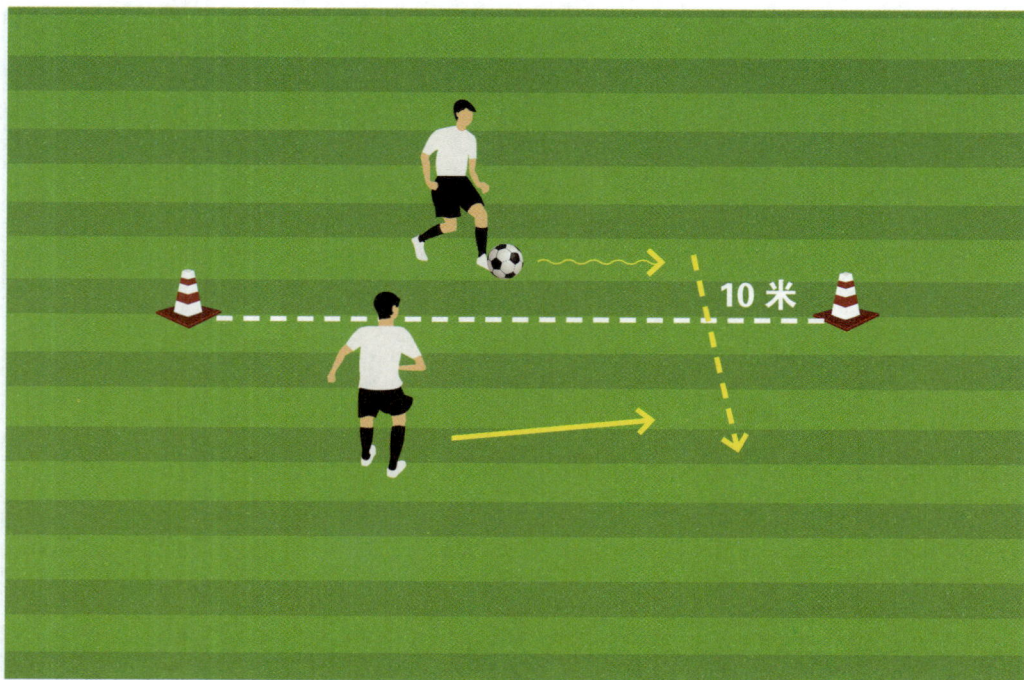

10 米

训练步骤

① 2 名球员分别站在线的两侧，其中 1 名球员持球，另一名球员防守。

② 2 名球员向同一方向跑动，在此期间，2 人均不能越过锥桶的连线。带球球员向不同方向带球，并适当使用假动作，试图将球踢至对面，但不能将球踢至太远的位置；防守球员对球进行拦截，并将球踢回去。如果防守球员没有将球踢回，则带球球员得 1 分。

③ 90 秒后，球员交换角色，按照相同的规则进行练习。一共进行 6 个回合，累计得分多的球员获胜。

穿越训练

场地布置和组织方法

用 4 个大号锥桶围成边长为 20 米的正方形。将球员平均分为 2 组，每名球员各持 1 个足球，在场地两侧边线附近面对面站好。

👤	：6 人
🕐	：5~10 分钟
💼	：4 个大号锥桶，每名球员 1 个足球

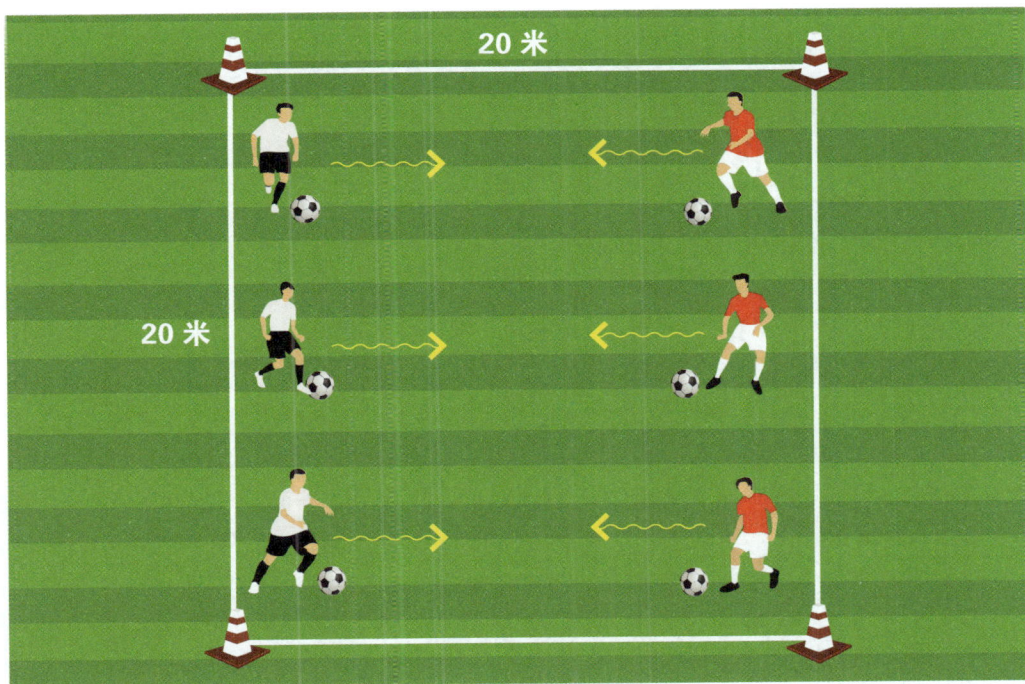

训练步骤

① 待教练发出信号后，球员迅速带球前进至场地另一侧边线。组内的全部球员均达到场地另一侧边线算完成，完成时间最短的组获得 1 分。

② 进行 5 次穿越训练，得分最高的组获胜。

小提示

穿越时，球员们不能互相妨碍，以免摔倒受伤。还可以增加曲线带球、双脚交替触球等要求，以提高训练难度，保证训练效果。

带球接力训练

场地布置和组织方法

用 4 个大号锥桶围成长为 40 米、宽为 30 米的矩形场地。球员分小组站在 40 米边之后。在每小组前 20 米的位置放置 1 个小号锥桶，小号锥桶的间隔为 8 米。

👤：人数不限，总人数应为小组数的倍数

⏱：10 分钟

💼：4 个大号锥桶，根据小组数准备相同数量的足球与小号锥桶

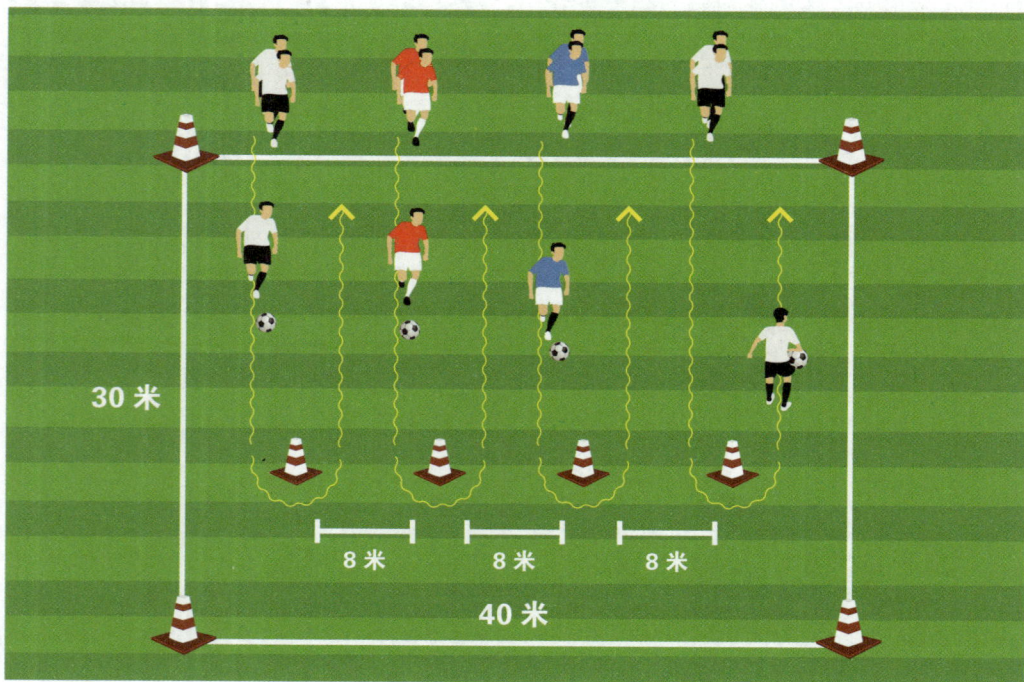

30 米

8 米　8 米　8 米

40 米

训练步骤

① 每组球员面向小号锥桶，在 40 米边线之后排成纵队站好，由第一名球员持球。

② 待教练发出信号后，每组的第一名球员带球前进，向正前方的小号锥桶跑去，到达后绕过锥桶，返回起点。第一名球员带球返回越过边线后，将球传给第二名球员。第二名球员接球后迅速带球前进，按照相同的路线，带球完成往返。以此类推，直到所有球员都完成一次带球往返。

③ 看看哪组最先完成。第一名得 3 分，第二名得 2 分，第三名得 1 分，第四名及之后不得分。进行 5 次带球接力训练，并安排一定的休息时间，最后总分最高的小组获胜。

山洞穿梭游戏

场地布置和组织方法

用 4 个大号锥桶围成长为 25 米、宽为 20 米的矩形场地。将球员平均分为 2 组，分散在场地内。

👤	6~10 人，但必须为偶数
🕐	12 分钟
💼	4 个大号锥桶，每 2 名球员 1 个足球

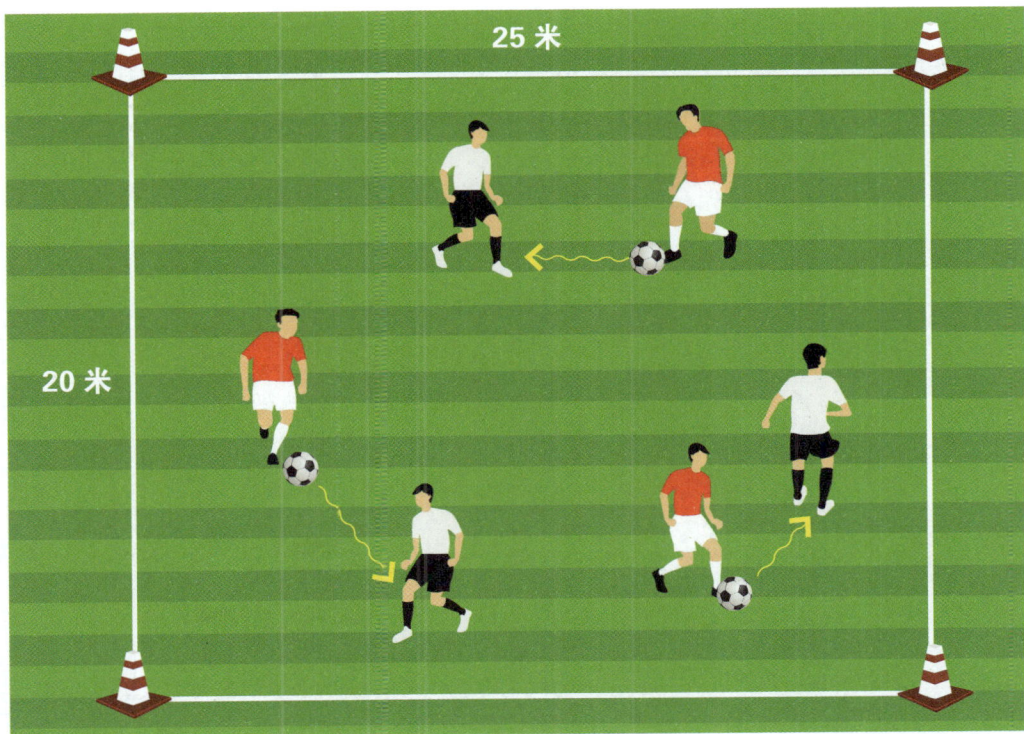

25 米

20 米

训练步骤

① 将球员平均分为 2 组，其中 1 组球员每人分配 1 个足球，另 1 组球员双脚开立站立。球员随机分散在场地内，并保持不动。

② 待教练发出信号后，持球球员带球移动，向不动的球员靠近，并让足球从不动球员的双脚之间穿过，但是不能连续穿过同 1 人。在此期间，持球球员一定要注意踢球的力度、准确度，避免足球撞到球员，使其受伤。每成功穿过 1 次，得 1 分。

③ 每 3 分钟后，球员互换角色，直至达到规定时间。最后累计得分多的小组获胜。

搭档带球训练

场地布置和组织方法

用 4 个大号锥桶围成长为 30 米，宽为 25 米的矩形场地。每 2 名球员为 1 组，球员前后站立，每名球员各持 1 个足球，以组为单位分散在场地内。

👤	：4~10 人，但必须为偶数
🕐	：10 分钟
💼	：4 个大号锥桶，每名球员 1 个足球

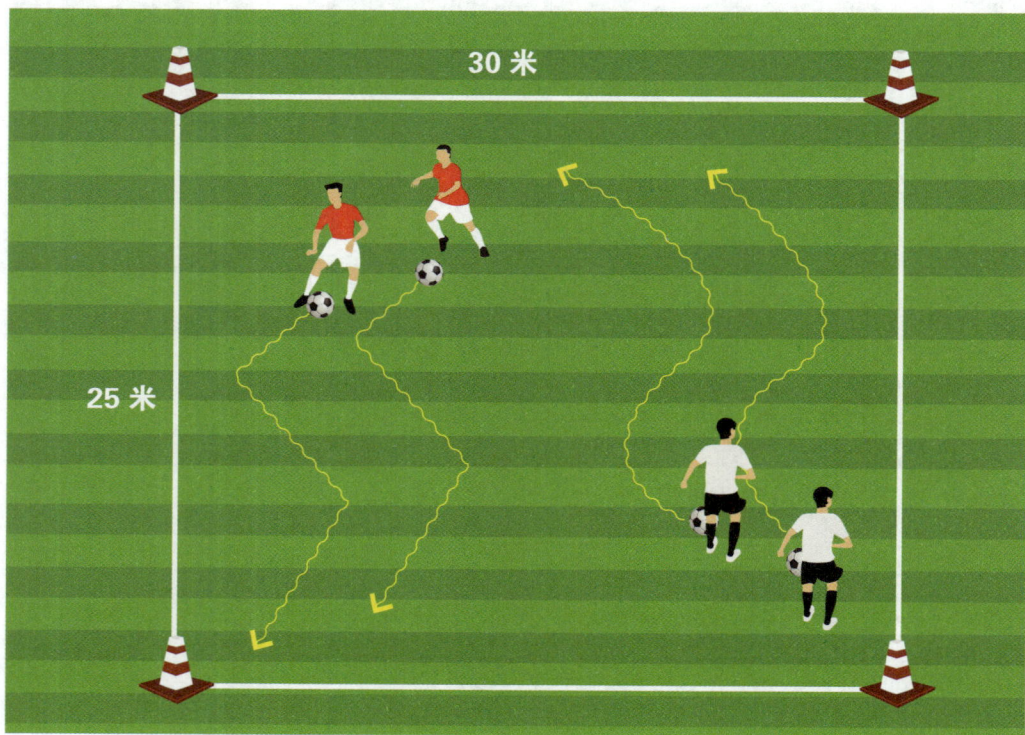

训练步骤

① 待教练发出信号后，每组位于前方的球员开始带球前进，在场地内自由移动，并不断练习各种技术动作；另一名球员紧随其后，模仿前方球员所做的动作，并沿着相同的移动轨迹带球前进。同时，后方球员还要假定周围有防守球员，尝试对前方球员进行掩护，使前方球员能够顺利前进。

② 每 1 分钟后，1 组内的 2 名球员交换位置，继续进行相同的练习，直至达到规定时间。

交通信号灯训练

场地布置和组织方法

用 4 个大号锥桶围成边长为 25 米的正方形。每名球员各持 1 个足球，分散在正方形的场地内。

- 👤 ：4~10 人
- 🕐 ：5~10 分钟
- 💼 ：4 个大号锥桶，每名球员 1 个足球

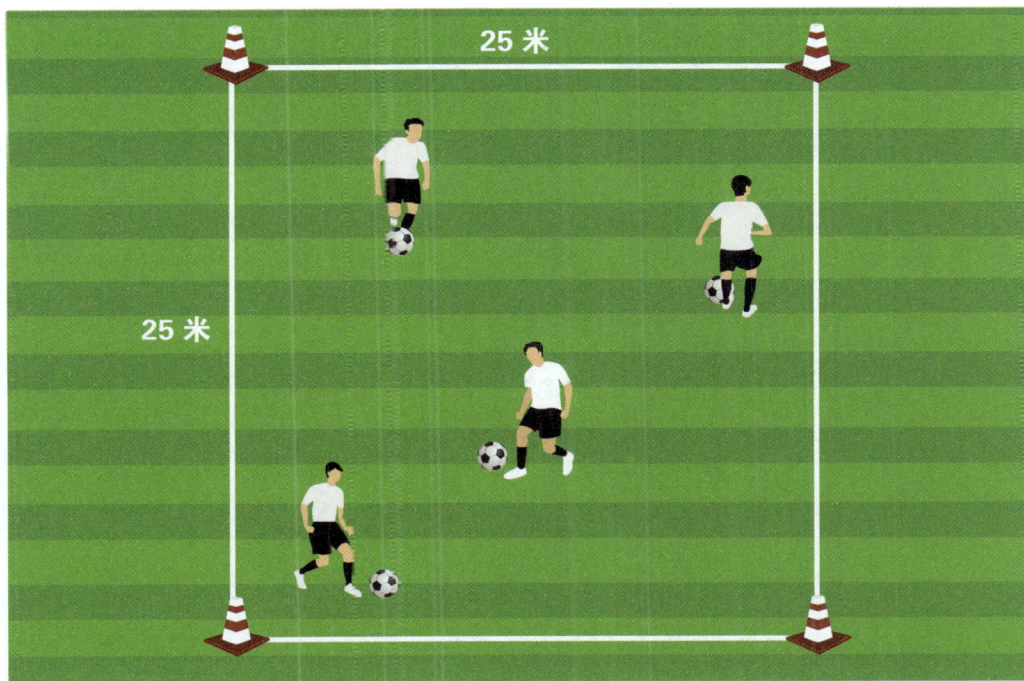

25 米

25 米

训练步骤

① 所有球员分散在场地内，带球自由移动。

② 教练随机喊"红灯""绿灯""黄灯"等口令，球员根据口令完成对应动作。当教练喊"红灯"时，所有球员立即将球停住，然后单脚站立；当教练喊"绿灯"时，所有球员重新带球，并且带球速度要快，在保证不丢球的前提下可以跑起来；当教练喊"黄灯"时，所有球员放慢带球移动的速度。

③ 教练每隔 15 秒随机喊出 1 个口令，训练进行 1 分钟后休息 15 秒，直至达到规定时间。

搭档追逐带球训练

场地布置和组织方法

用 4 个大号锥桶围成边长为 25 米的正方形。1 名球员持球站在正方形场地内，另 1 名球员不持球站在场外。

: 2人

: 10 分钟

: 4 个大号锥桶，1 个足球

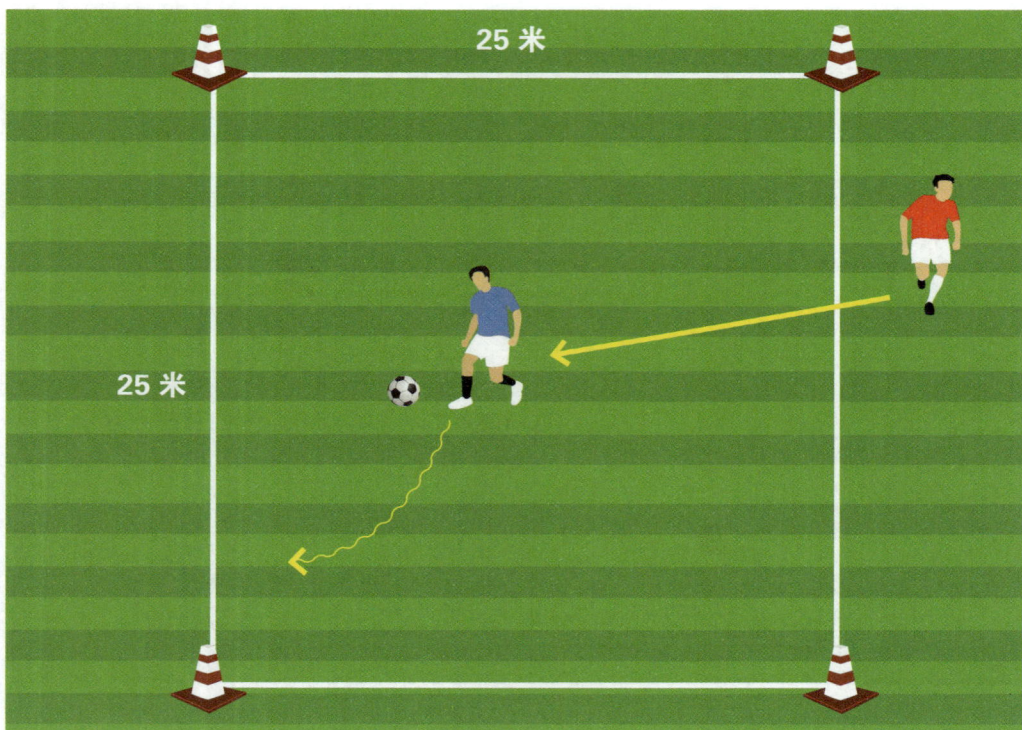

训练步骤

① 待教练发出信号后，场地外的球员进入场地，追逐持球球员；持球球员加速带球移动，争取不被追上。如果追逐球员追上持球球员并用手碰到他的身体，或是足球失去控制出界，则追逐球员得 1 分。持球球员改变带球的方向和移动轨迹，适当远离追逐球员后，继续开始追逐比赛。

② 每 1 分钟后，双方互换角色，直至达到规定时间。最后累计得分多的球员获胜。

搭档循环带球训练

场地布置和组织方法

用 4 个大号锥桶围成长为 40 米、宽为 25 米的矩形场地，近似于正规比赛场地的一半，并画出罚球区。互为搭档的 2 人前后排成 1 列，站在罚球线后。

👤 ：6~10 人，但必须为偶数

🕐 ：10 分钟

💼 ：4 个大号锥桶，每 2 名球员 1 个足球，画线用的粉笔

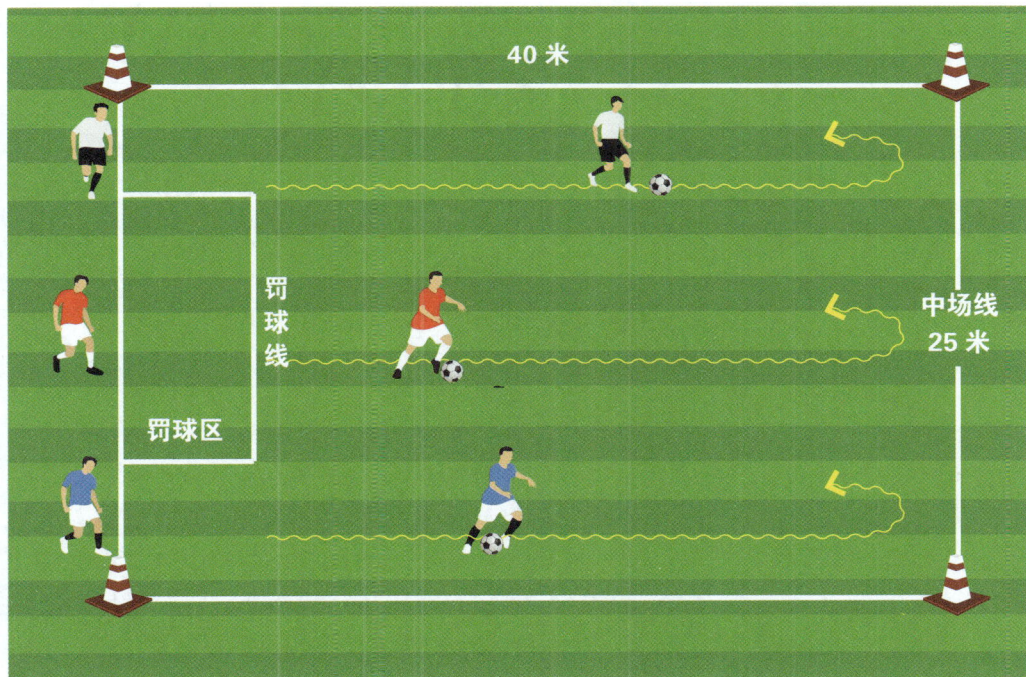

40 米

罚球线

罚球区

中场线
25 米

训练步骤

① 球员两两搭档，站成一列，1 人持球站在罚球线处，另一人站在边线后等待。

② 将罚球线作为起跑线，教练发出起跑信号后，持球球员立即出发，带球快速前进，直至中场线；然后带球转身，返回起跑线。球员可到起跑线后，将球传给搭档，搭档带球快速前进，直至中场线；然后带球转身，返回起跑线。第二名球员最先返回起点的小组，得 1 分。如果带球前进时，足球偏离路线至出界，则该名球员要返回起点重新开始。

③ 按照上述步骤，重复 10 次接力训练，最后得分最高的小组获胜。

第4章

7~8岁
盘带与控球训练

本章主要针对球员的盘带与控球能力进行训练，并结合7~8岁少儿的年龄和身体特点设计了一些趣味性的游戏，让少儿在享受足球运动带来的乐趣的同时，锻炼身体，提高控球技巧。本章的训练难度相较于上一章会有所提升，初学者最好从上一章的训练开始。

本章图示说明

传球 / 射门　- - - - →
无球移动　————→
有球移动　〜〜〜〜→

停球训练

场地布置和组织方法

用 4 个大号锥桶围成一个边长为 18 米的正方形。每名球员各持 1 个足球分散在正方形的场地内。

👤	: 7~10 人
🕐	: 10 分钟
💼	: 4 个大号锥桶，每名球员 1 个足球

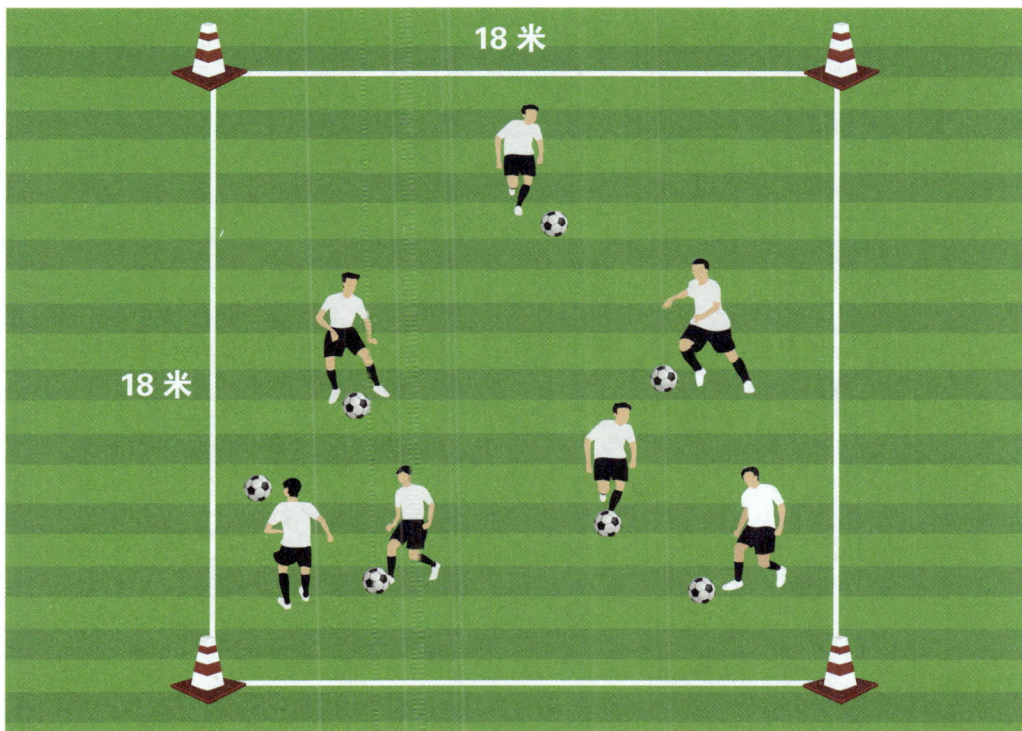

18 米

18 米

训练步骤

① 球员分散站在场地内，自由带球移动。教练发出信号后，所有球员立即停在原地。

② 球员停在原地的同时将球停住。停球时，可用身体一侧的任意部位触球，且鼓励球员用不常用的一侧来触球；也可以用 2 个或 2 个以上的部位使球停下，但是不能用手触球。此外，球员可以尝试使用不同的姿势停球，包括直腿抬高停球、下蹲停球、跪姿停球等，进行全面练习。

③ 教练再次发出信号，所有球员重新开始带球移动，随后教练再次发出信号进行停球练习，以此类推，直至达到规定时间。

自由带球训练

场地布置和组织方法

用 5 个大号锥桶围成一个直径为 27 米的圆形。所有球员围绕边线散开，其中一半球员持球。

👤 ：10 人及以上，且必须为偶数

🕐 ：10 分钟

💼 ：5 个大号锥桶，每 2 名球员 1 个足球

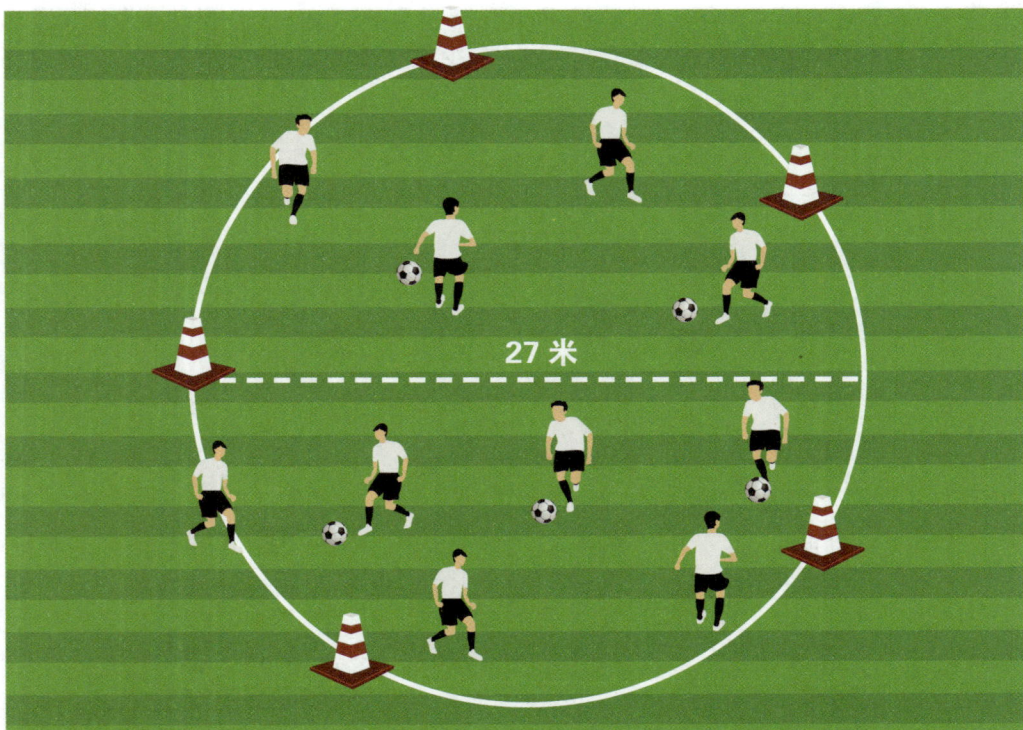

27 米

训练步骤

① 教练发出信号后，所有持球球员进入圆圈内，进行带球练习，并自行选择带球练习动作。如果没有人和自己的动作相同，则练习该动作 5 次，然后自行选择另一动作进行练习；如果有球与自己动作相同，则他们持续练习这个动作 1 分钟，然后随机选择另一动作进行练习。

② 教练再次发出信号，未持球球员进入场地，同时带球球员将球传给没有球的球员并立刻移出场地。随后，持球球员按照相同的要求进行训练。

③ 教练保证每次发出信号的时间间隔相同，所有球员轮流进行训练，直至达到规定时间。

进攻性带球训练

场地布置和组织方法

用 4 个大号锥桶围成边长为 9 米的正方形。每 2 名球员为 1 组，在场地的两侧面对面站立。

👤 ： 2~10 人，但必须为偶数

🕐 ： 10 分钟

💼 ： 4 个大号锥桶，每 2 名球员 1 个足球

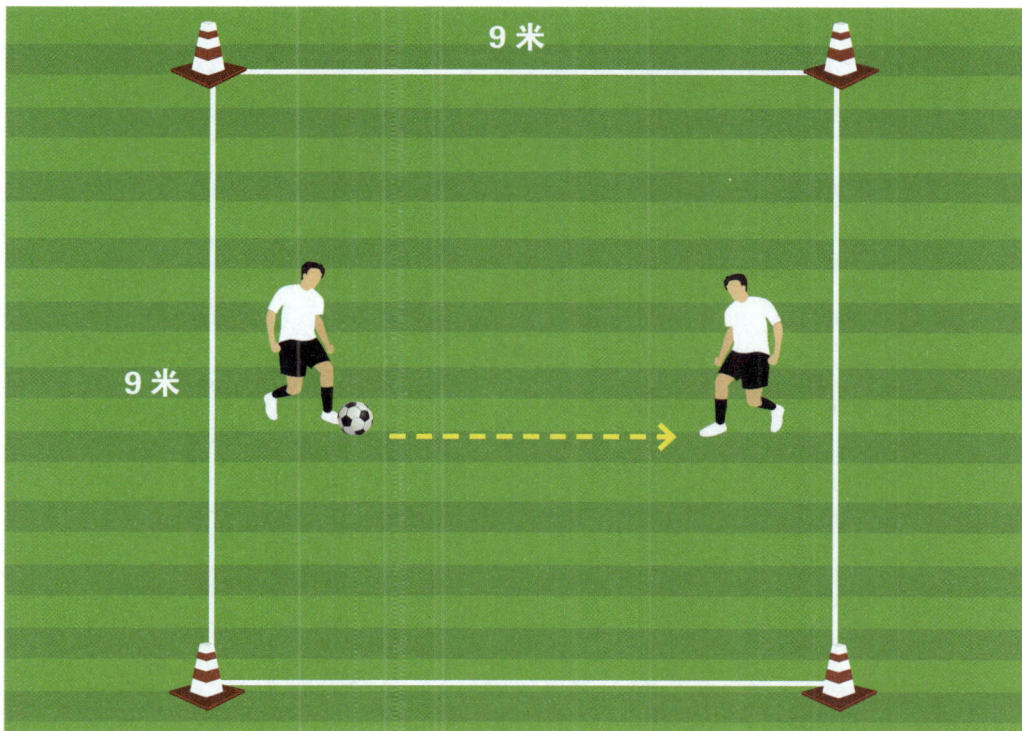

训练步骤

① 2 名球员为 1 组，面对面站在场地的两侧，并处于一条水平线上，其中 1 名球员持球。

② 教练发出信号后，持球球员将球传句对面。对面的球员接到球后，原持球球员迅速向其跑去，试图触球或迫使其退出场地。如果原持球球员触碰到足球，或是使对方退到场外，即可得 1 分；如果对方成功将球带到原持球球员的边线，则对方得 2 分。

③ 两人轮流担任先持球的角色，先获得 6 分的球员获胜。

带球贴标签训练

场地布置和组织方法

用 4 个大号锥桶围成边长为 9 米的正方形。4 名球员围成一个圆圈，其余 2 名球员各持 1 球。

👤：6 人

🕐：10 分钟

💼：4 个大号锥桶，2 个足球，若干标签

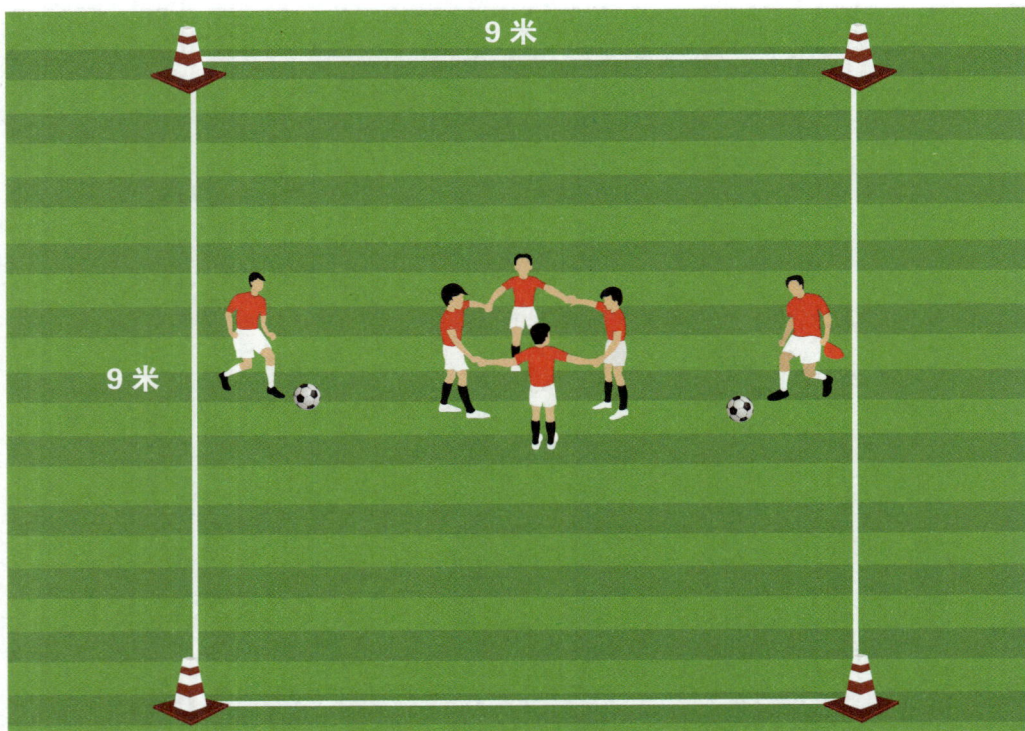

9 米

9 米

训练步骤

① 4 名球员手拉手围成一个圆圈，站在场地中央；另外 2 名球员各持 1 球位于圈外，并面对面站在圆圈两侧，其中 1 人负责贴标签。

② 教练发出信号后，负责贴标签的球员带球移动，试图给另一名持球球员贴上标签；另一名球员带球进行躲避。在此期间，贴标签的球员可以穿过圆圈，而被追逐的球员只能在圈外移动。

③ 30 秒后，教练再次发出信号，停止追逐。如果负责贴标签的球员给对方贴上了标签，则得 1 分。球员轮流担任被追逐、贴标签、围圆圈的角色，直至达到规定时间，最后累计得分最多的球员获胜。

转向带球训练

场地布置和组织方法

用 4 个大号锥桶围成长为 18 米、宽为 9 米的矩形场地。将 6 名球员分为 2 组，2 组各持 1 球，分别站在场地左右两侧。

👤 : 6 人

🕐 : 15 分钟

💼 : 4 个大号锥桶，2 个足球

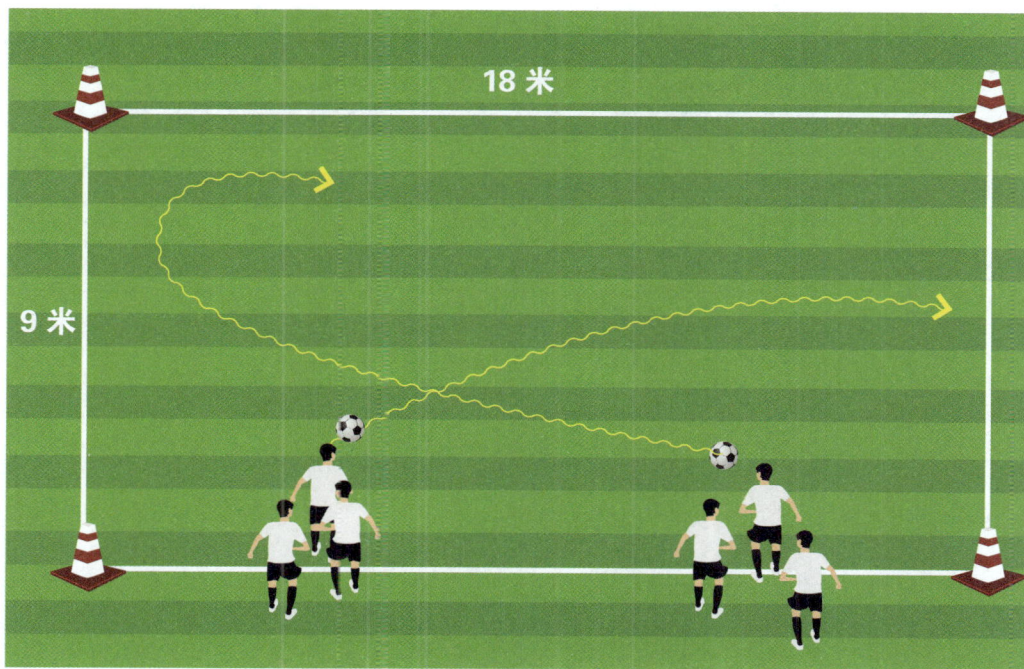

18 米

9 米

训练步骤

① 以两条短边边线为终点线，3 名球员为 1 组，站在长边边线处，其中 1 人持球在前，另外 2 人站在持球球员的后面或两侧。两组成员间的距离要足够远。

② 教练发出信号后，球员进入场地，持球球员带球向远侧的终点线移动；另外 2 名不持球球员可以尝试突破对方的防守并抢得足球，或者保护本组的持球球员。

③ 教练再次发出信号，如果持球球员未到达目标终点线，则迅速转身，向另一侧的终点线移动。如果不持球球员抢得对方的足球，带球到达任意一边的终点线即可。球员带球到达终点线后，其所在的小组获得 1 分，随后返回起点，重新出发。最先获得 10 分的小组胜利。

穿越隧道训练

场地布置和组织方法

用 4 个大号锥桶围成长为 12 米、宽为 8 米的矩形场地。在其中 1 条短边中间放置 2 个小号锥桶，2 个小号锥桶相距 2 米，标记球门。

👤 : 2 人

🕐 : 10 分钟

💼 : 4 个大号锥桶，2 个小号锥桶，1 个足球

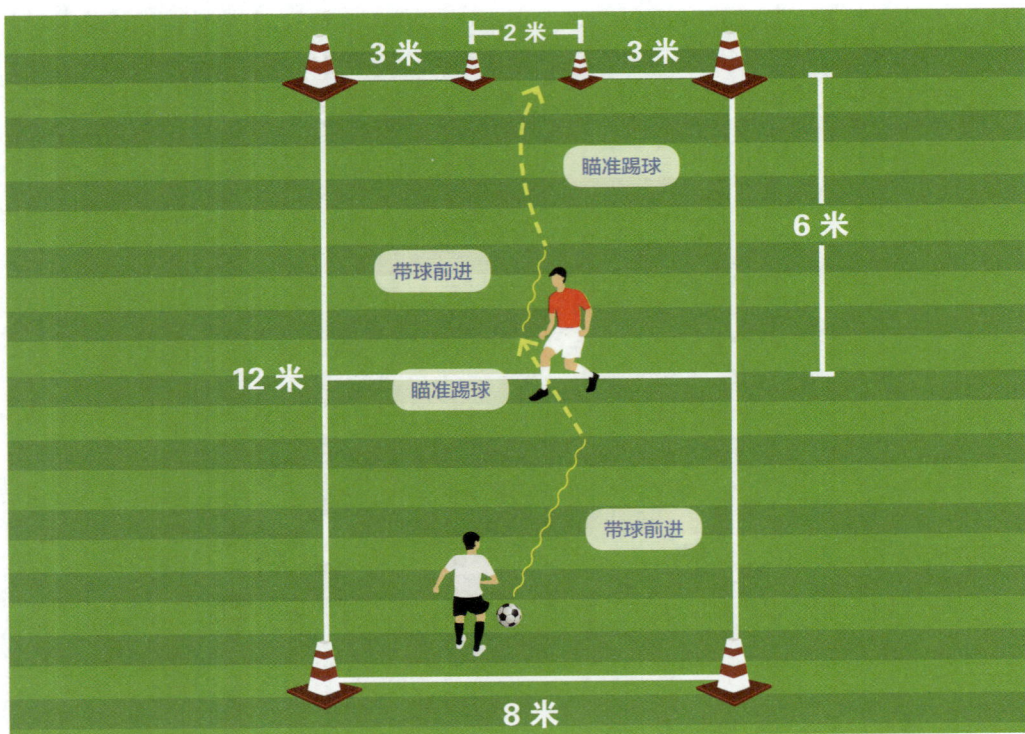

3 米　2 米　3 米

瞄准踢球

带球前进

瞄准踢球

12 米

6 米

带球前进

8 米

训练步骤

① 1 名球员持球面对球门，站在场地另一条短边前方；另一名球员不持球，站在场地的中场线位置，双脚自然分立，对持球球员进行防守。

② 教练发出信号后，持球球员带球曲线前进，靠近防守球员后，试图让球从防守球员的双脚之间穿过，之后持球球员从防守球员身侧绕过，重新持球后向球门方向前进，然后射门。如果射门成功，则得 1 分，然后返回起点重新开始。如果持球球员一直成功带球过人，5 分钟后双方互换角色；如果防守球员截球成功，则两人交换角色，重新进行训练。最后得分高的球员获胜。

简单 2 次触球训练

场地布置和组织方法

2 个大号锥桶为 1 组排列，2 组之间的距离为 9 米。将球员平均分为 2 组，分别站在锥桶组之后。

👤 : 6~10 人，但必须为偶数	
🕐 : 10 分钟	
💼 : 4 个大号锥桶，1 个足球	

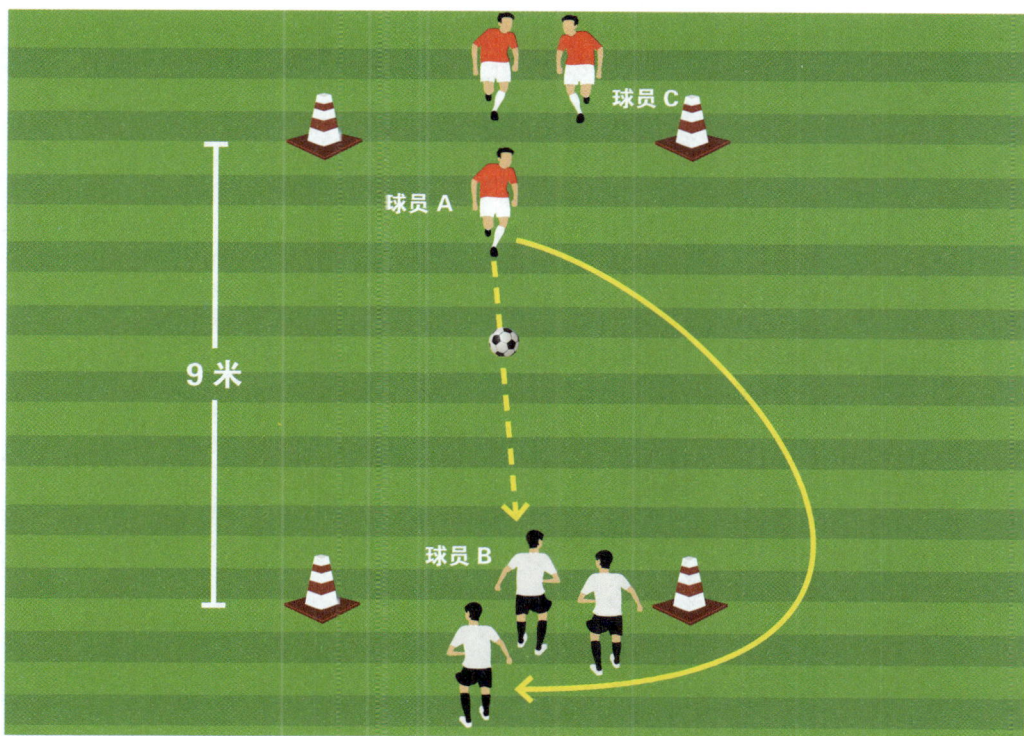

球员 C

球员 A

9 米

球员 B

训练步骤

① 2 组球员面对面站立，且每组站成相同的队形，随机选择 1 名球员站在队伍最前方持球。

② 教练发出信号后，2 组球员同时向前移动，然后持球球员 A 将球传给对面相同位置的球员 B。传球完毕后，球员 A 迅速跑向对面队伍队尾的位置。

③ 球员 B 使用 1 次触球的方式接球，随即使用 2 次触球的方式将球传给对面的球员 C，之后迅速跑向对面队伍的队尾位置。

④ 以此类推，重复上述步骤，直至所有球员都进行了此训练。

简单攻防战

场地布置和组织方法

用 4 个大号锥桶围成长为 25 米、宽为 15 米的矩形场地。将 6 名球员分为 2 组，每组 3 人，分散在场地内。

👤 : 6 人

🕐 : 10 分钟；2 分钟 1 轮

🧰 : 4 个大号锥桶，1 个足球

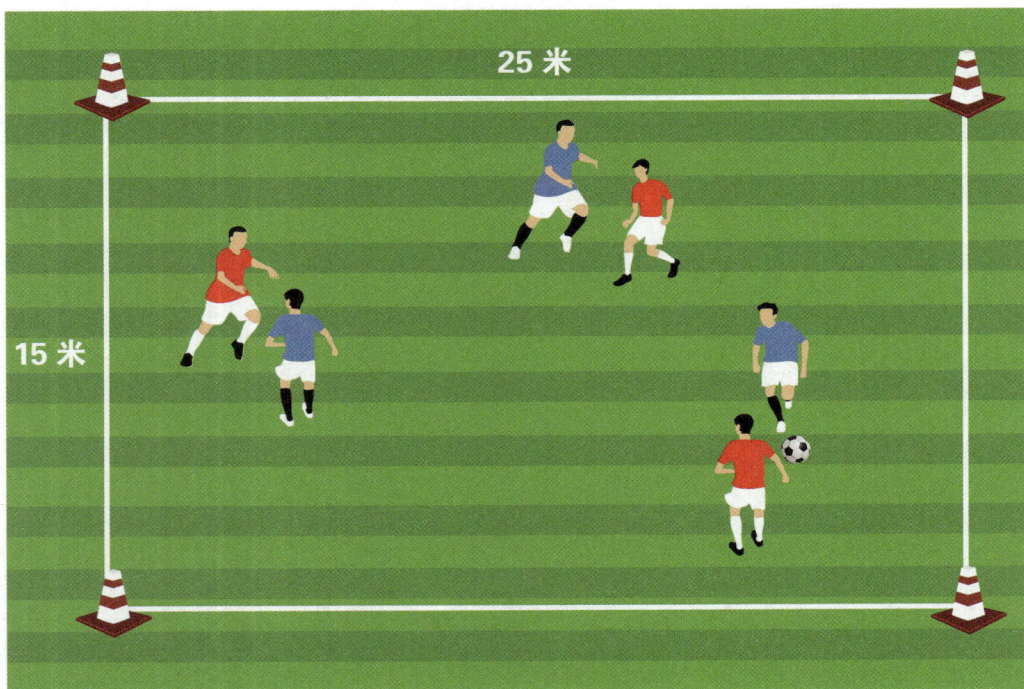

训练步骤

① 将球员平均分为 2 组，1 组作为防守球员，从另 1 组中随机选择 1 名球员持球。确定角色后，形成 1 对 1 防守的局势。

② 教练发出信号后，持球球员开始控球前进，并尝试通过盘带技术越过防守球员，如果成功越过防守球员，就将球传给队友，队友继续运用盘带技术越过防守自己的球员。球员可以采用多种方式盘带，且在传球时，防守球员不能阻截。

③ 成功越过防守球员的小组获得 1 分；如果防守球员夺取控球权，两组角色互换；如果持球球员一直成功过人，2 分钟后双方也要互换角色。最后累计得分高的小组获胜。

带球追逐游戏

场地布置和组织方法

用 4 个大号锥桶围成长为 25 米、宽为 20 米的矩形场地。球员分散在场地内，其中 2 人不持球，其他人每人各持 1 个足球。

👤 ：7~10 人

🕐 ：3 分钟一个回合

💼 ：4 个大号锥桶，足球数量比球员数量少 2 个

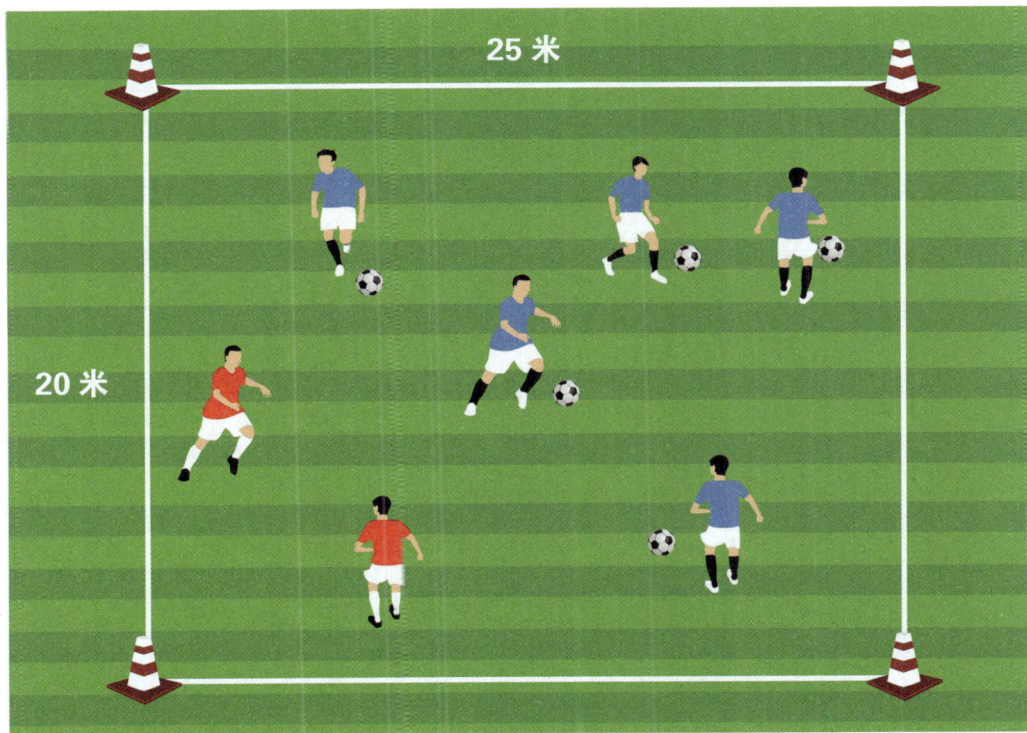

25 米

20 米

训练步骤

① 教练随机选择 2 名球员作为追球手，2 人不持球站在场地外；其他球员各持 1 个足球，分散在场地内，自由带球移动。

② 教练发出信号后，追球手进入场地，开始追逐带球球员。如果追球手触摸到带球球员，那这名球员要立即停下并停球，待在原地不动，直到被其他带球球员触摸，才能重新开始带球移动。追球手每触摸 1 名带球球员得 1 分，最后得分最高的追球手获胜。

③ 3 分钟后，教练选择另外 2 名球员担任追球手，重新开始游戏，直至所有球员都担任过追球手。

"袭击者"来了

场地布置和组织方法

用 4 个大号锥桶围成长为 30 米、宽为 20 米的矩形场地。并在场地长边的两侧各划分出 3 米宽的安全区。

👤	: 8~10 人
🕐	: 10~15 分钟
💼	: 4 个大号锥桶,足球数量比球员数量少 3 个

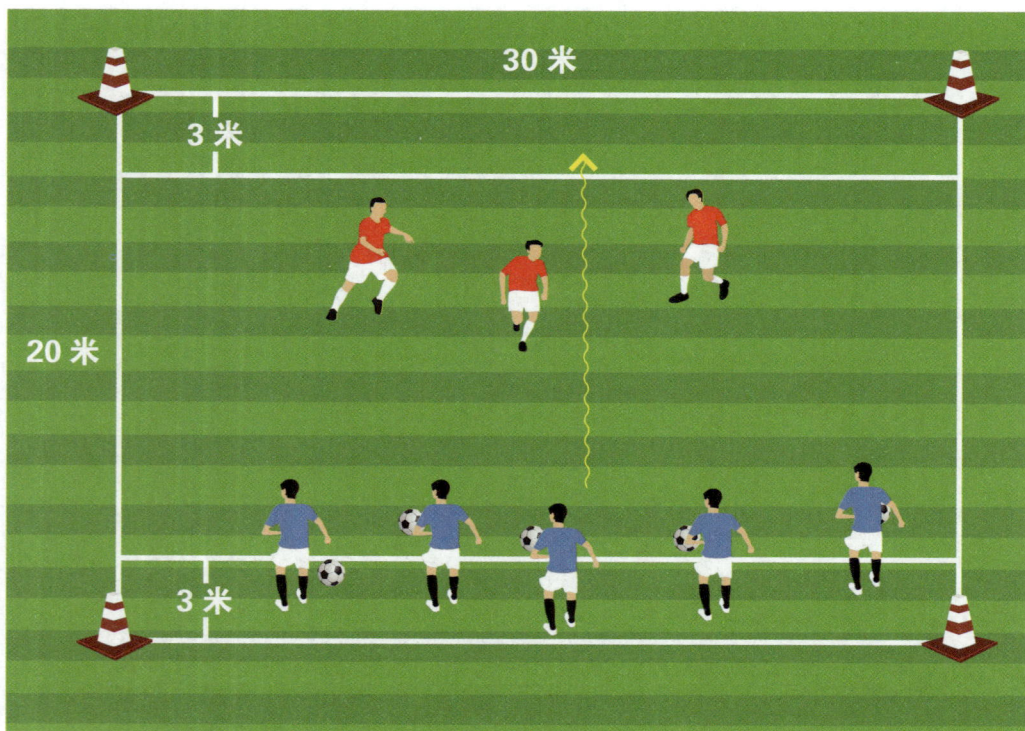

训练步骤

① 教练随机选择 3 名球员为"袭击者",这 3 个人不持球,分散站在场地内;其他球员各持 1 球,在一侧的安全区内站成一排。

② 教练发出信号后,持球球员开始带球向另一个安全区移动。持球球员穿过场地时,"袭击者"进行防守,尝试将球踢走,阻止他们到达安全区。如果球被踢走,则持球球员下场等待。

③ 持球球员来回在场地内穿梭,直至全部下场。随后教练选择另外 3 名球员担任"袭击者",重新开始游戏,直至所有球员都担任过"袭击者"。

高速带球训练

场地布置和组织方法

分别用 4 个大号锥桶围成两个边长为 15 米的正方形场地，两个场地相距 20 米，且顶边对齐。每名球员各持 1 个足球。

👤 : 6~10 人，但必须为偶数

🕐 : 10 分钟

💼 : 8 个大号锥桶，每名球员 1 个足球

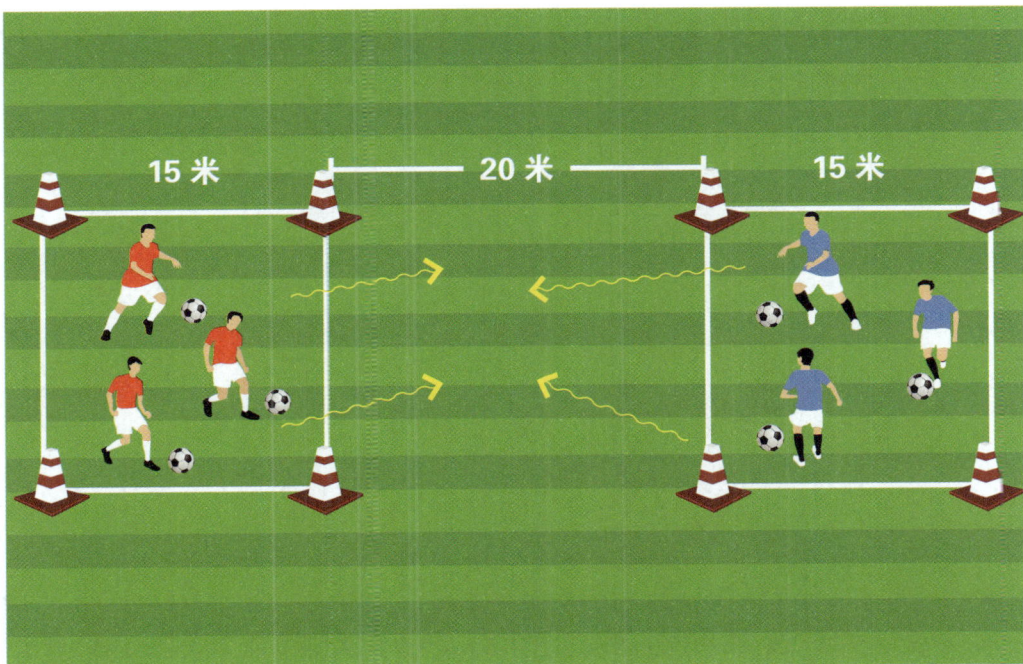

训练步骤

① 每名球员各持 1 个足球，将球员平均分为 2 组，每组各占据 1 个正方形场地，球员在场地中进行自由带球训练，在此期间必须用脚背控球。

② 教练发出信号后，球员们立即带球向另一个场地移动，小组球员全部到达对面场地则得 1 分，先获得 5 分的小组获得胜利。如果出现 2 名球员相撞、球失去控制等情况，则失误球员要返回自己原先的场地，重新开始移动。

③ 按照上述步骤，反复进行高速带球训练，直至达到规定时间。每次移动前，教练可以限制球员的控球部位，或者规定只能使用固定脚法，以进行针对性训练。

交换角色带球训练

场地布置和组织方法

用 4 个大号锥桶围成边长为 30 米的正方形。球员平均分为 2 组，分散在正方形场地内。

👤 :	8~10 人，但必须为偶数
🕐 :	5 分钟
💼 :	4 个大号锥桶，每 2 名球员 1 个足球

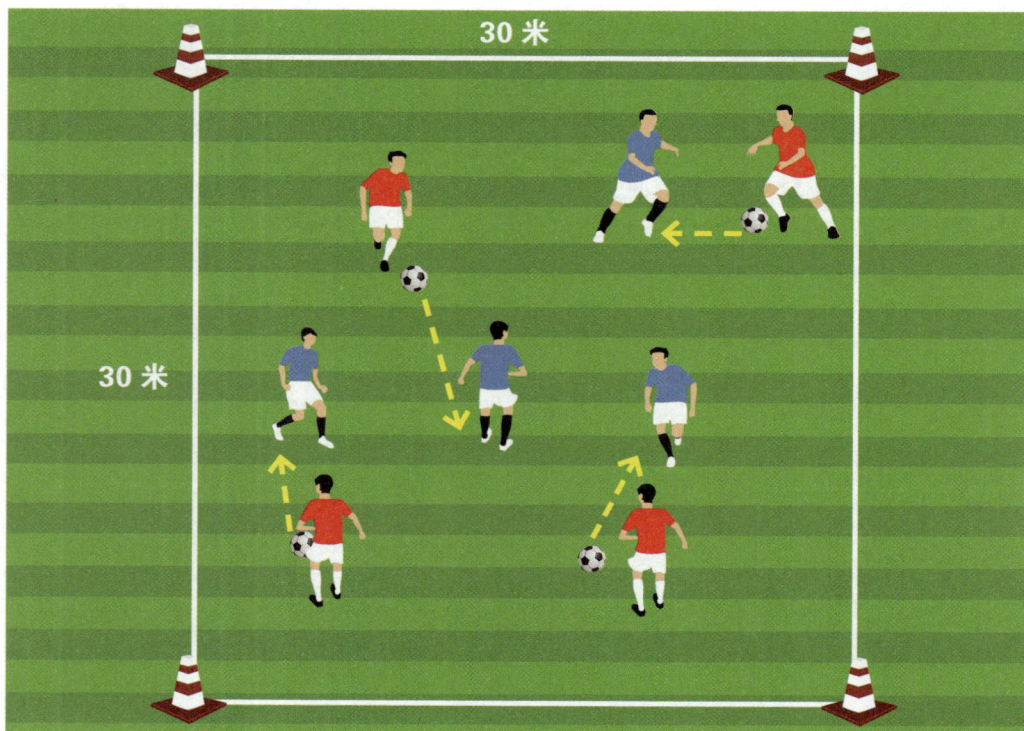

30 米

30 米

训练步骤

① 将球员平均分为 2 组，分散在场地内，其中 1 组球员持球，另一组球员不持球。

② 持球球员在场地内进行自由带球训练，不持球的球员站在原地不动。教练发出信号后，持球球员迅速找到距离自己最近的不持球球员，将球传给对方后站在原地不动。原不动球员顺利接到足球后，开始自由带球训练。

③ 教练每隔 40 秒~1 分钟发出 1 次信号，球员传球后互换角色，直至达到规定时间。

"猎犬"和"兔子"

场地布置和组织方法

用4个大号锥桶围成边长为30米的正方形。2名球员不持球站在场外；其余球员各持1个足球站在场地内。

👤：7~10人

🕐：5~10分钟

💼：4个大号锥桶，足球数量比球员数量少2个，若干彩旗

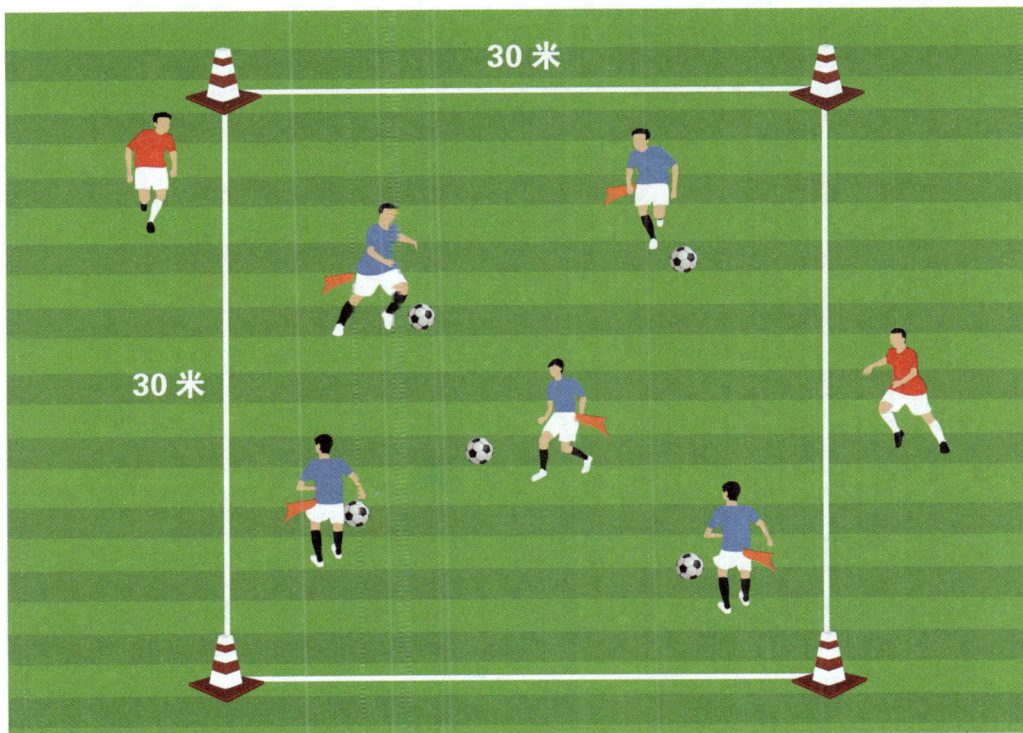

训练步骤

① 教练随机选择2名球员担任"猎犬"，2人不持球站在场地外；其余球员均为"兔子"，"兔子"各自在身后挂1面彩旗，各持1球，分散在场地内自由带球移动。

② 教练发出信号后，"猎犬"进入场地，开始追赶"兔子"，并试图将其身后的彩旗拽下；而"兔子"在场地内带球进行躲避，在此期间要保证球始终在自己的控制范围内。如果"兔子"的彩旗被"猎犬"拽下，则2人互换身份，继续进行游戏。

③ 球员们按照规则执行自己的任务，并不断转换角色，直至达到规定时间。

护球训练

场地布置和组织方法

每 2 名球员为 1 组，每组分配 1 个足球，分别用 4 个大号锥桶围成边长为 10 米的正方形场地，场地数量与小组个数相等。

👤：4~10 人，但必须为偶数

🕐：10 分钟

💼：若干大号锥桶，每 2 名球员 1 个足球

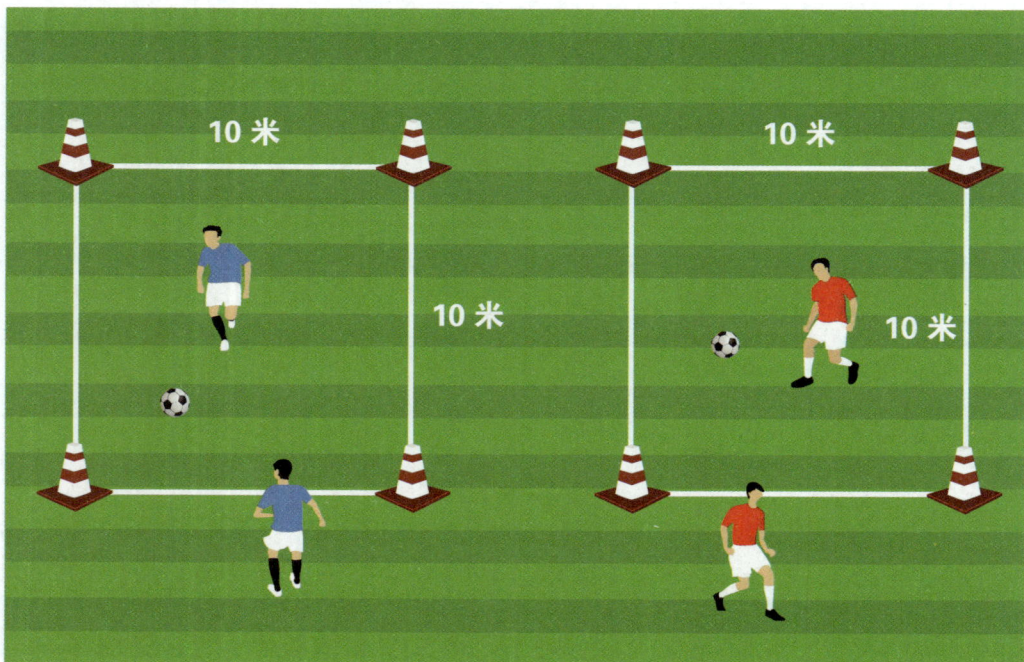

训练步骤

① 每 2 名球员为 1 组，每组占据 1 个正方形的场地，每组中 1 名球员持球站在场地内，并自由带球移动；另一名球员不持球站在场地外。

② 教练发出信号后，场外的球员进入场地内，对持球球员进行拦截，试图将足球踢到场地外；持球球员则要努力保持自己对球的控制。如果球被抢走，则持球球员扣 1 分，双方互换角色后继续进行训练。

③ 如果持球球员一直成功护球，30 秒后双方也要互换角色，然后继续进行训练。以此类推，达到规定时间后，扣分最少的球员获胜。

足球连环撞

场地布置和组织方法

用 4 个大号锥桶围成长为 20 米、宽为 15 米的矩形场地。每名球员各持 1 个足球站在场地外。

👤 : 3 人	
🕐 : 12 分钟	
💼 : 4 个大号锥桶，3 个足球	

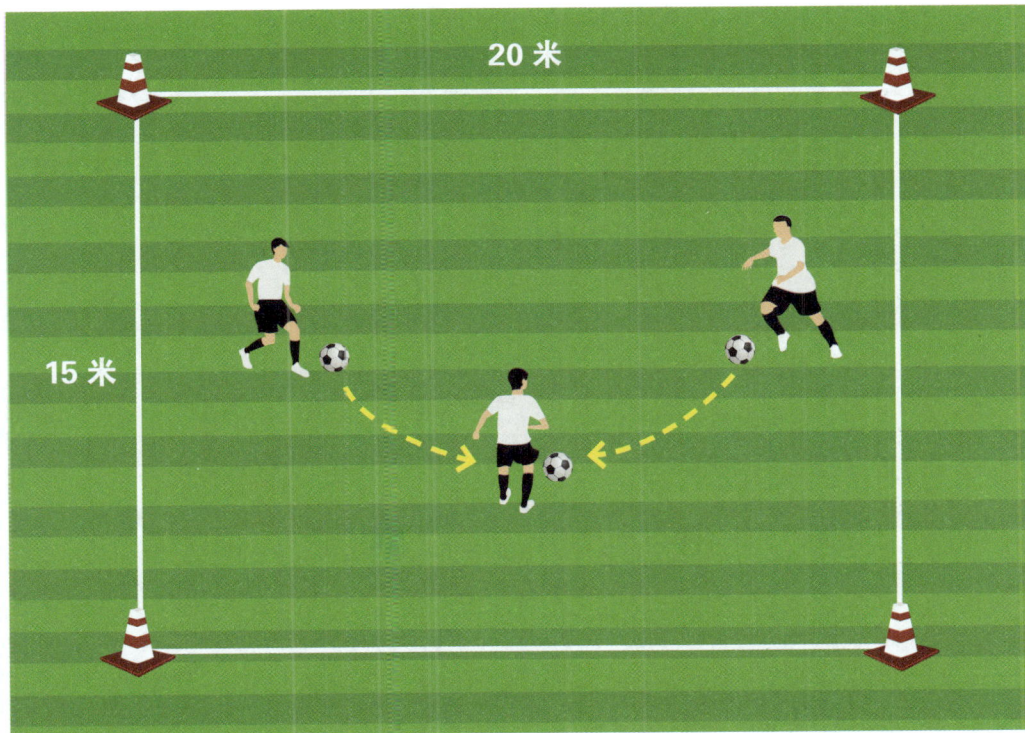

20 米

15 米

训练步骤

① 每名球员各选择 1 条边线并持球站在所选边线之后，教练随机指定 1 名球员为目标球员。

② 教练发出信号后，目标球员进入场地内，自由带球移动。5 秒钟后，教练再次发出信号，另外两名球员带球进入场地内，瞄准目标球员后将球踢出，试图让自己的球与目标球员的球相撞。目标球员则要时刻注意周围的情况，带球进行躲避。

③ 如果目标球员的球被撞到，则目标球员扣 1 分。1 分钟后，选择另一人担任目标球员，继续进行训练，直至所有人都担任过目标球员。最后扣分最少的球员获胜。

控球淘汰赛

场地布置和组织方法

用 4 个大号锥桶围成长为 30 米、宽为 25 米的矩形场地。每名球员各持 1 个足球，分散在场地内。

👤	：6~10 人
🕐	：10~15 分钟
💼	：4 个大号锥桶，每名球员 1 个足球

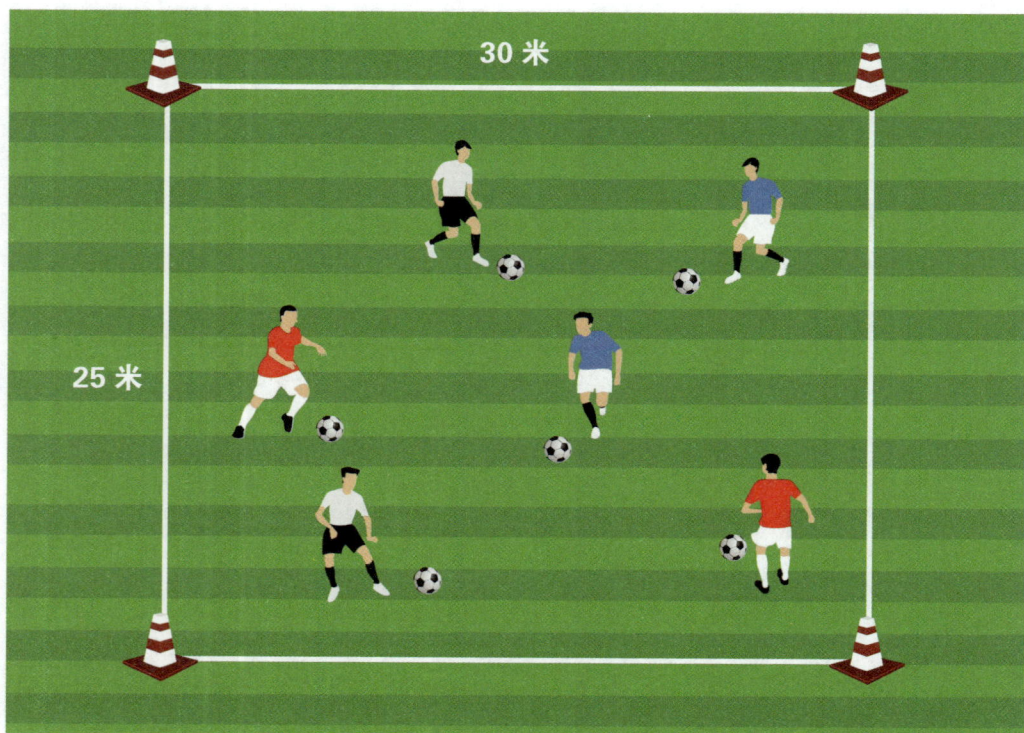

30 米

25 米

训练步骤

① 球员分散站在场地内自由带球移动。教练发出信号后，每名球员在保护好自己的球的同时，尝试将其他球员的球踢出场外。注意，禁止铲球，避免造成球员受伤。

② 如果自己的球被其他人踢到场外，或自己失误使球出界，球员要离开场地，在场地外进行颠球练习。当场地内只剩 1 名球员时，比赛结束，该名球员获胜。

③ 所有球员进入场地，重新开始比赛，直至达到规定时间。

3 人颠球训练

场地布置和组织方法

用 4 个大号锥桶围成边长为 15 米的正方形。3 名球员分散在场地内。

👤	3 人
🕐	5~10 分钟
💼	4 个大号锥桶，1 个足球

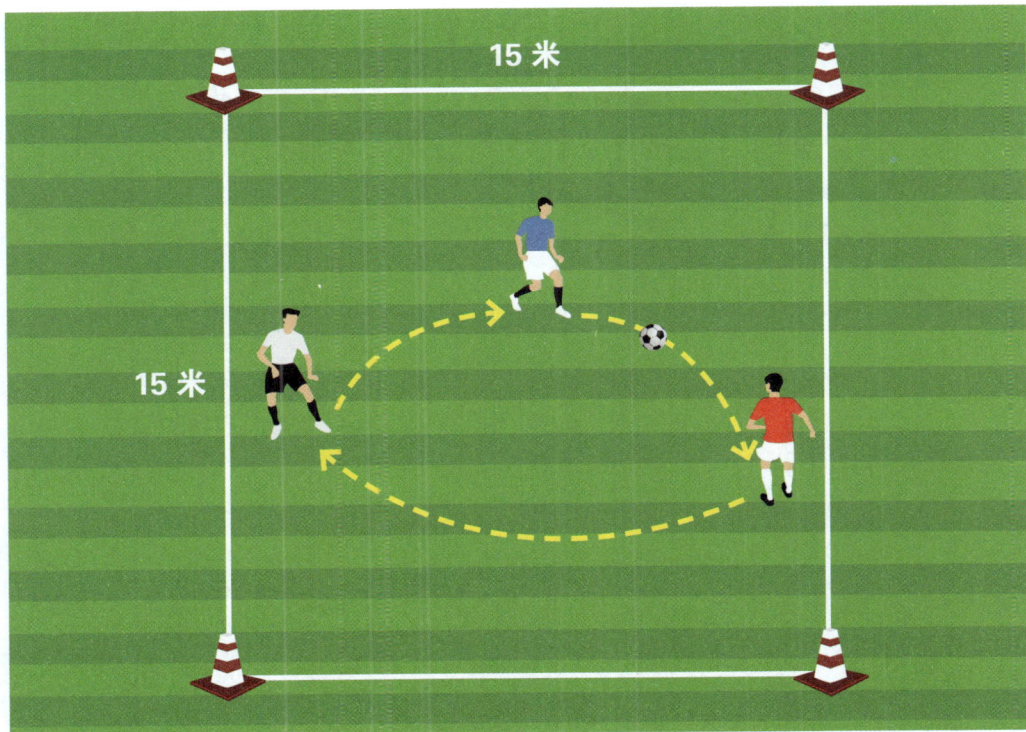

15 米

15 米

训练步骤

① 3 名球员分散在场地内，1 名球员持球。

② 教练发出信号后，持球球员开始颠球，颠球 10 次后，将球传给另一名球员。球员在接到球后，也完成 10 次颠球，然后将球传给下一名球员。以此类推，3 名球员轮流接球、颠球、传球，60 秒为 1 回合，稍事休息后再进行新一轮的练习。

③ 球员在颠球与接球时，可以用身体的各部位来触球，如脚背、胸部、头部、大腿等，但要保证自己对球的控制，尽量不要让球落地。

第5章

9~10岁
盘带与控球训练

本章主要针对球员的盘带与控球能力进行训练，并结合9~10岁少儿的身体特点设计出了一些兼具技术性和游戏性的训练。对于这个年龄阶段的少儿来说，控球训练对少儿的技能和身体素质会有更高的要求，少儿不仅要掌握更多的控球形式，还要不断精进已经掌握的技术，并不断进行体能、速度、反应能力的相关训练。

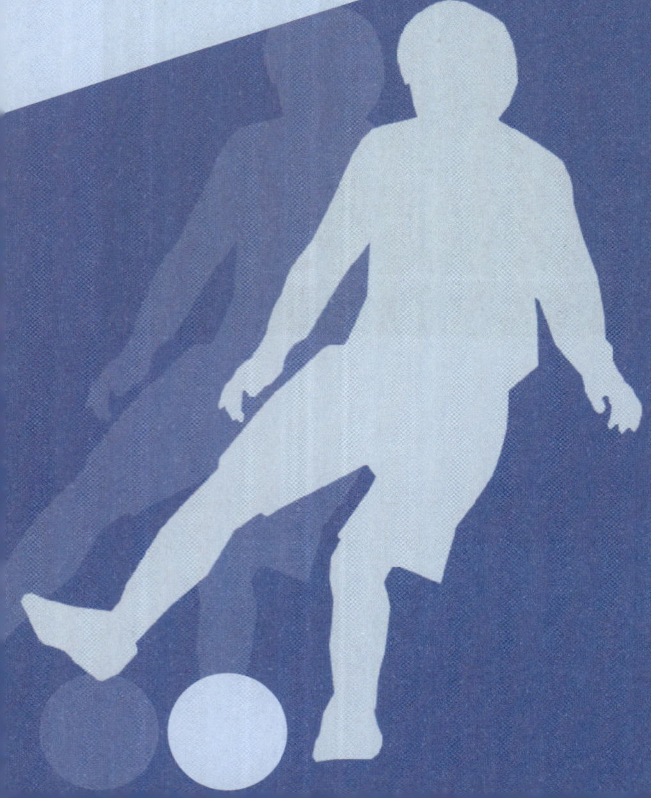

本章图示说明

传球 / 射门	- - - →
无球移动	⟶
有球移动	⟿

互贴标签训练

场地布置和组织方法

2 个大号锥桶为 1 组，在场地两端分别放置 3 组锥桶，如下图所示。球员平均分为 2 组，分别站在 3 组锥桶之间。

👤：6 人

🕐：10 分钟

💼：12 个大号锥桶，1 个足球，标签若干

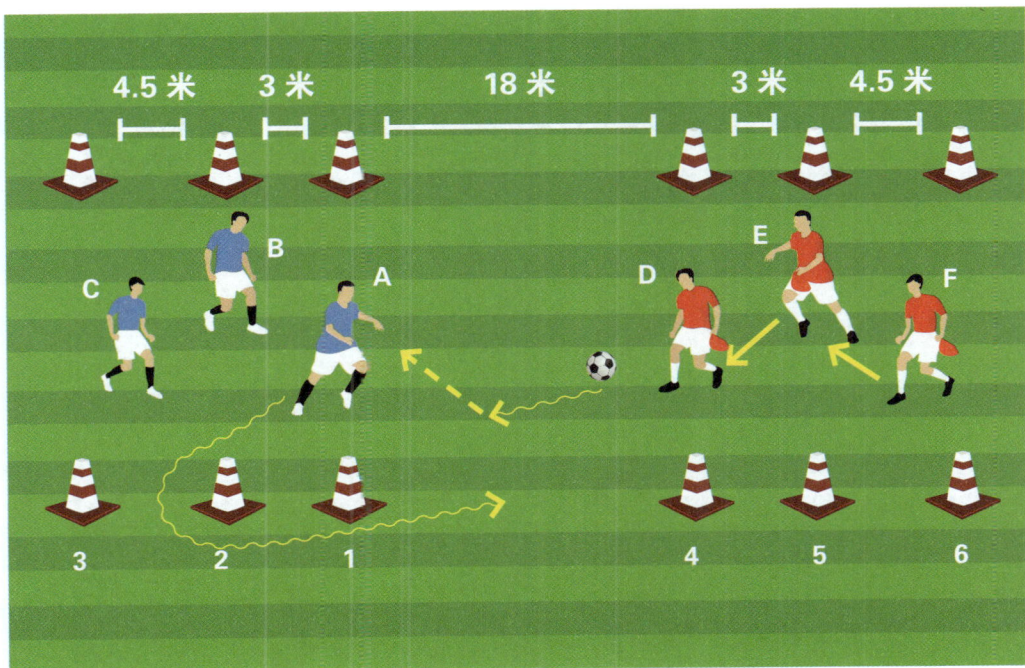

训练步骤

① 将球员平均分为 2 组，其中球员 A 与球员 D 分别站在 1 号与 4 号锥桶组之间，并由球员 D 持球，本组的其他球员则分别站在这 2 名球员之后。教练发出信号后，球员 D 带球向前移动，球员 E 迅速移动至球员 D 之前的位置，同时球员 F 移动至球员 E 之前的位置，完成补位。

② 球员 D 达到 1 号锥桶组附近后，将球传给球员 A。球员 A 接到球后带球前进。同时球员 B 与球员 C 按照上述方式进行补位。球员 D 完成传球后，绕过任意一个锥桶组后，尝试追逐球员 A 并给其贴标签。如果球员 D 给球员 A 贴上标签，则球员 D 所在的小组得 1 分；如果球员 A 在到达 4 号锥桶组并完成传球前没有被贴示签，则球员 A 所在的小组得 1 分。球员 A 与球员 D 回到本组的队尾，由球员 B 开始重新带球出发，然后按照上述步骤继续训练，直至达到规定时间，最后得分最多的小组获胜。

趣味场地争夺训练

场地布置和组织方法

用8个大号锥桶围成2个边长为18米的正方形。球员平均分为2组,每组中任选1名球员不持球,其余球员各持1球。

👤: 8人

🕐: 10分钟

💼: 8个大号锥桶,6个足球

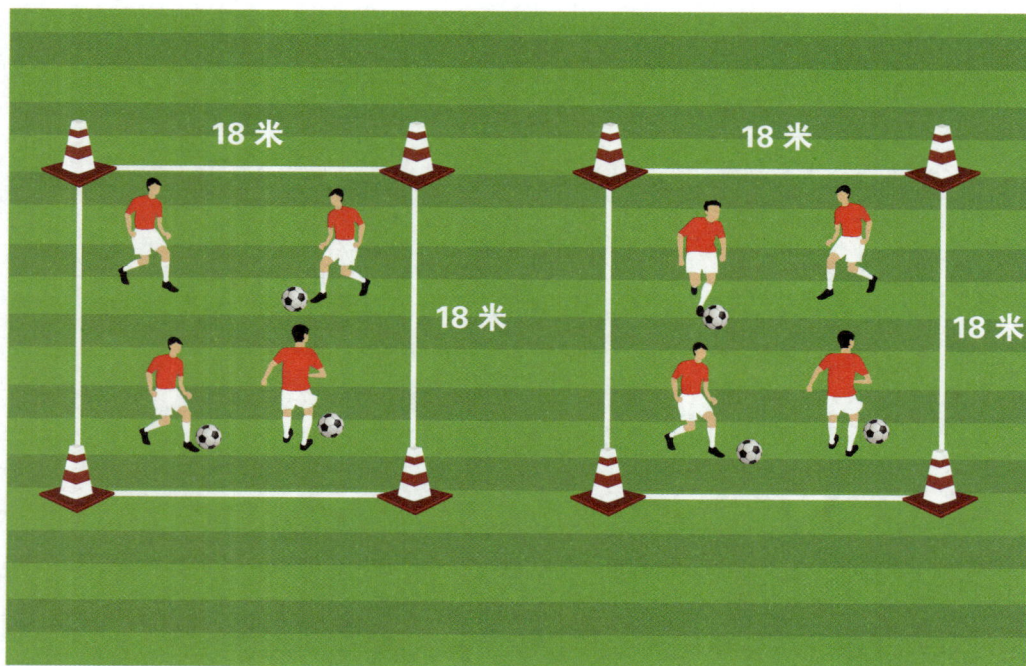

训练步骤

① 将球员平均分为2组,每组分别占据1个正方形场地,在其中分散站好。教练在每组随机选择1名球员不持球,另外3名球员各持1球并自由带球移动。

② 教练发出信号后,不持球球员追逐持球球员,并试图触球,如果触到球,或迫使持球球员跑出场地,则2名球员互换角色,继续进行训练。注意,失去控球权的球员只能追逐另外2名持球球员,不能追逐上一名负责追逐的球员。

③ 持续进行比赛,直至达到规定时间。在此期间,球员们要注意安全,在尝试触球时不要误伤他人。

带球过球门训练

场地布置和组织方法

2 个小号锥桶为 1 组，分别在场地两侧放置 3 组锥桶，摆放位置如下图所示。球员平均分为 2 队，分别为红队和蓝队。

👤	: 12 人
🕐	: 10 分钟
💼	: 12 个小号锥桶，3 个足球

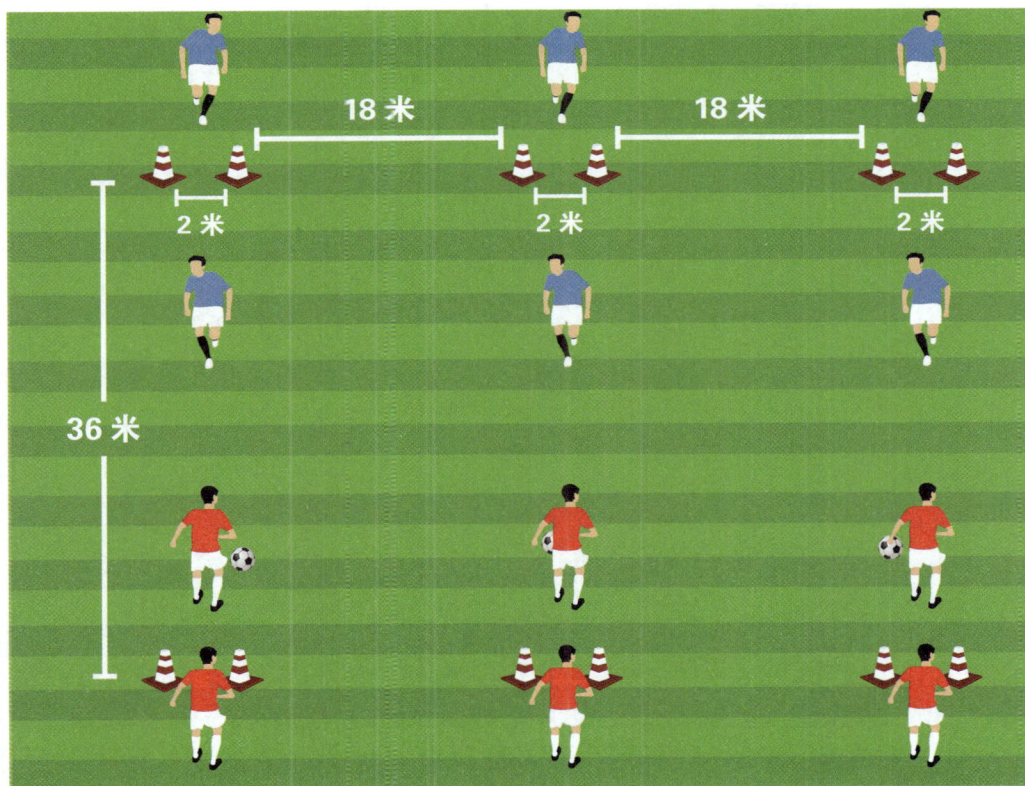

18 米　　18 米

2 米　　2 米　　2 米

36 米

训练步骤

① 将每组锥桶作为球门，从红队和蓝队中各选择 3 名球员，分别作为进攻组和防守组，站在两侧锥桶之前，进攻球员持球；其余球员分别站在球门之后 4.5 米的位置，担任发球球员。

② 教练发出信号后，持球球员带球前进，试图将球带过对面任意一个球门，防守球员要对其进行阻拦。如果持球球员带球成功则得 1 分，并与该球门的防守球员交换角色。之后由球门后的发球球员将球发给新的进攻球员，继续进行训练。5 分钟后，角色互换，最后得分高的队获胜。

111

带球冲刺训练

场地布置和组织方法

用 4 个大号锥桶围成边长为 18 米的正方形。每名球员各持 1 个足球,分散在正方形的场地内。

👤 :	6~10 人
🕐 :	10 分钟
💼 :	4 个大号锥桶,每名球员 1 个足球

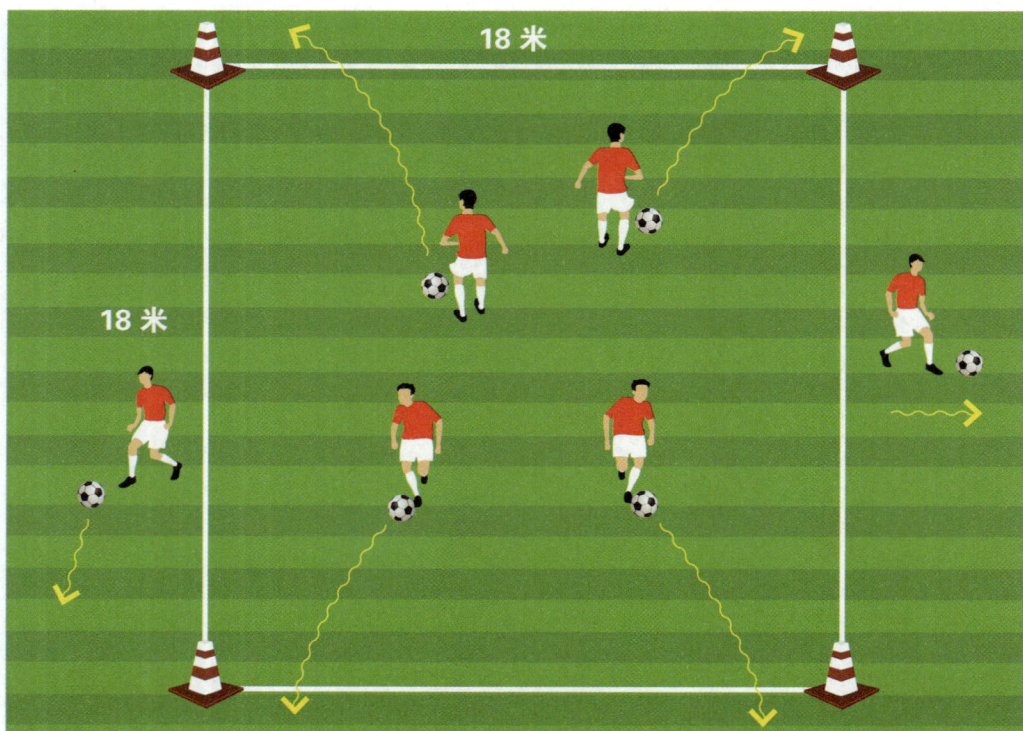

18 米

18 米

训练步骤

① 球员分散在场地内,自由带球移动。教练发出信号后,球员们朝任意方向以最快速度向边线移动,带球跑出场地。离开场地后,继续以最快速度围绕场地带球移动。以最快速度移动时,球员要先将球踢至 4~6 米远,然后向球移动的方向冲刺,但一定要注意踢球的力度,避免球脱离自己的控制,干扰其他球员的练习。

② 1 分钟后,教练再次发出信号,所有球员迅速带球回到场地内,然后在场地中平稳带球移动。

③ 以此类推,教练每隔 1 分钟发出 1 次信号,直至达到规定时间。

罚球区抓旗训练

场地布置和组织方法

选取标准足球场内的罚球区作为场地。每名球员各持1个足球且身后悬挂彩旗，分散在场地内。

👤 : 5~10人

🕐 : 10分钟

💼 : 每名球员1个足球和1面彩旗

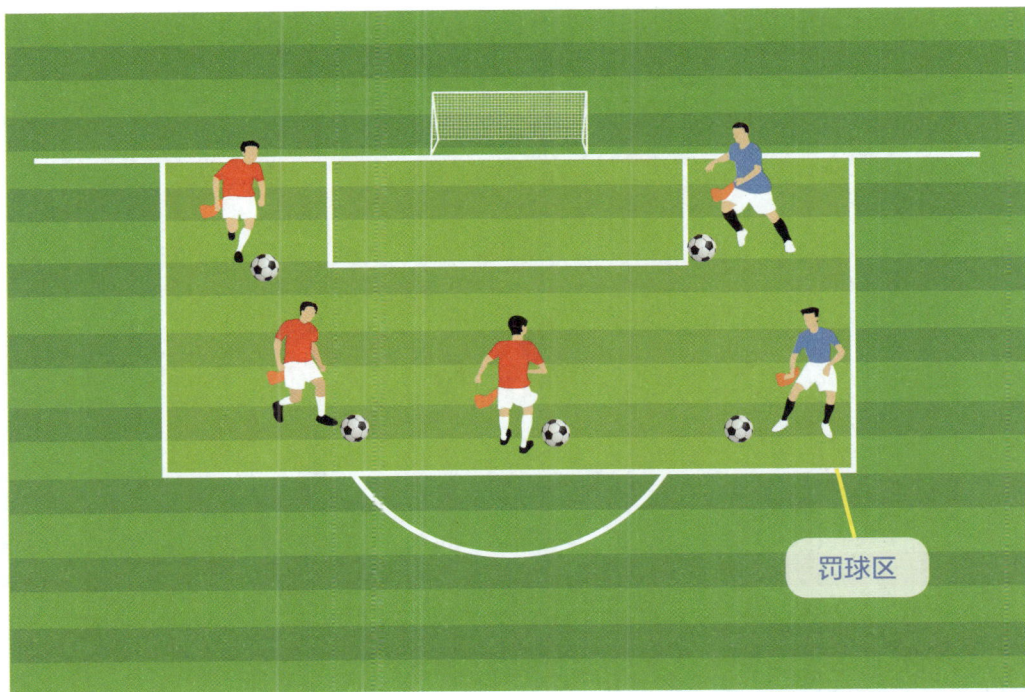

罚球区

训练步骤

① 所有球员都进入罚球区，将彩旗悬挂在自己身后，然后分散带球移动。

② 教练发出信号后，球员带球移动的同时试图抓取其他球员身后的彩旗，并时刻注意周围环境，保护自己的彩旗不被抓走。球员抓取别人的彩旗后可得1分，同时应将新获得的彩旗悬挂在自己身后。

③ 比赛中，球员不能用手抓住自己的彩旗，妨碍其他球员抓取。此外，球员一定要带球移动，如果没有带球移动，即使抓到其他球员的彩旗也无效。如果球员离罚球区或球出界，则要扣除1分。达到规定时间后剩余分数最高的球员获胜。

横行的"螃蟹"

场地布置和组织方法

用 4 个大号锥桶围成长为 30 米、宽为 20 米的矩形场地。所有球员分散在场地内，其中 4 人不持球。

👤: 11~20 人

🕐: 3 分钟

💼: 4 个大号锥桶，足球数量比球员数量少 4 个

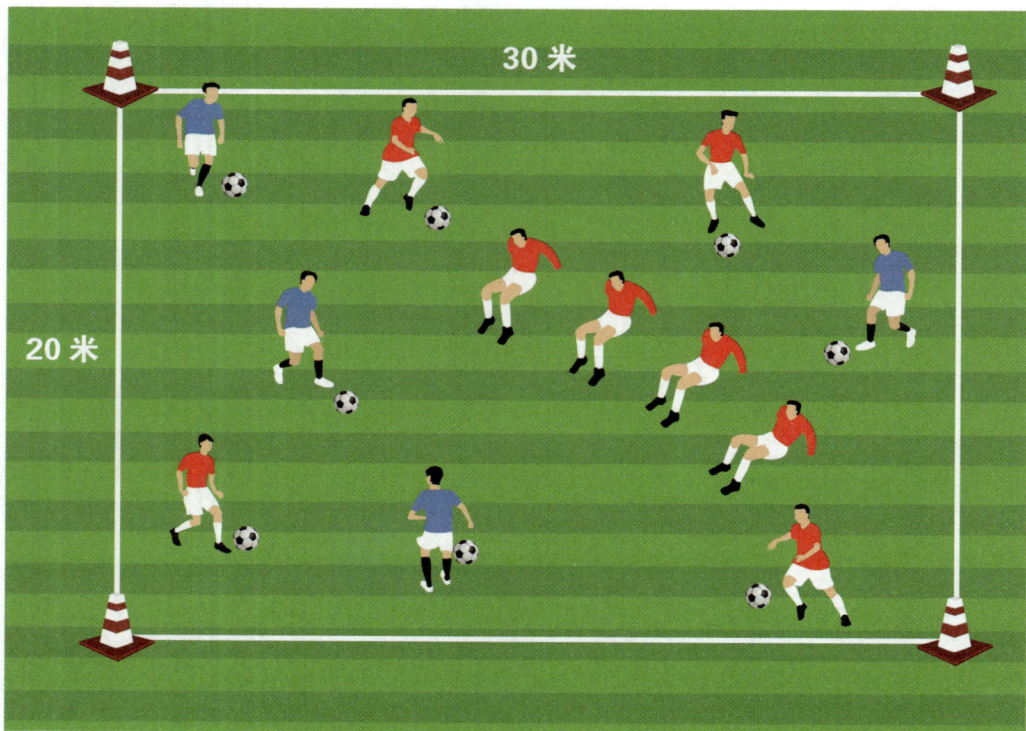

30 米

20 米

训练步骤

① 教练随机选择 4 名球员作为"螃蟹"，他们不持球，双手双脚着地撑坐在场地内，并在首位球员的带领下前后左右移动。其他球员持球，分散站在场外。

② 教练发出信号后，持球球员自由带球移动。如果有持球球员靠近，"螃蟹"试图用脚将球踢出场外，如果将球踢出，得 1 分，原持球球员变为"螃蟹"。注意，持球球员不要踩到"螃蟹"的手，避免球员受伤；也不要只是小范围移动，以致影响训练效果；"螃蟹"不能用手触球。

③ 当场上只剩 4 名持球球员时，游戏结束。最后得分最高的球员获胜。

传接球游戏

场地布置和组织方法

用 4 个大号锥桶围成长为 25 米、宽为 20 米的矩形场地。将球员平均分为 2 组，其中 1 组持球。

👤 : 6~10 人，但必须为偶数
🕐 : 5~10 分钟
💼 : 4 个大号锥桶，每 2 名球员 1 个足球

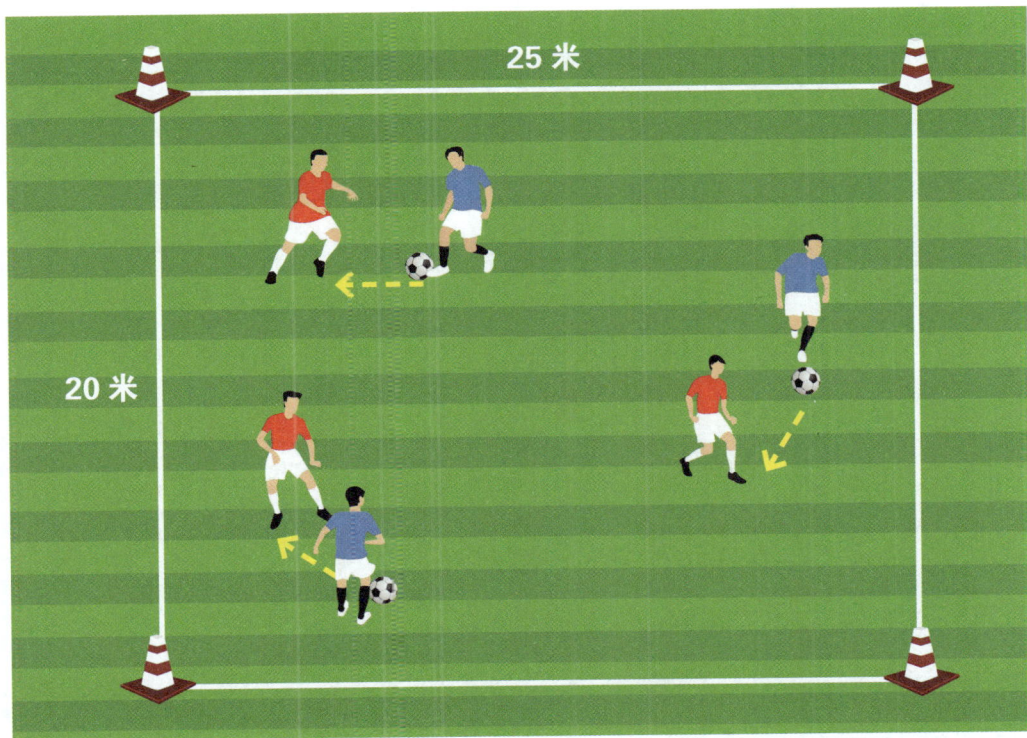

25 米

20 米

训练步骤

① 所有球员站在场地外，平均分为 2 组，并随机选择 1 组球员持球。

② 教练发出信号后，所有球员跑进场地内，持球球员带球移动，不持球球员慢跑。教练再次发出信号时，持球球员将球传给距离自己最近的不持球球员，如果成功传球并接球，则 2 人各得 1 分。注意，传球和接球时，2 人必须要用同侧脚来触球，否则不得分。

③ 接到球的球员自由带球移动，待教练再次发出信号后，传球给距离最近的不持球球员。以此类推，直至达到规定时间。

"大鱼"捉"小鱼"

场地布置和组织方法

用 16 个小号锥桶围成 4 个边长为 5 米的正方形，其内为安全区，并用其中 4 个顶点处的小号锥桶围成边长为 35 米的大正方形，如下图所示。球员平均分为 2 队，分别为红队和蓝队。

👤 ：10~14 人，但必须为偶数

🕐 ：10~15 分钟

💼 ：16 个小号锥桶，每名球员 1 个足球

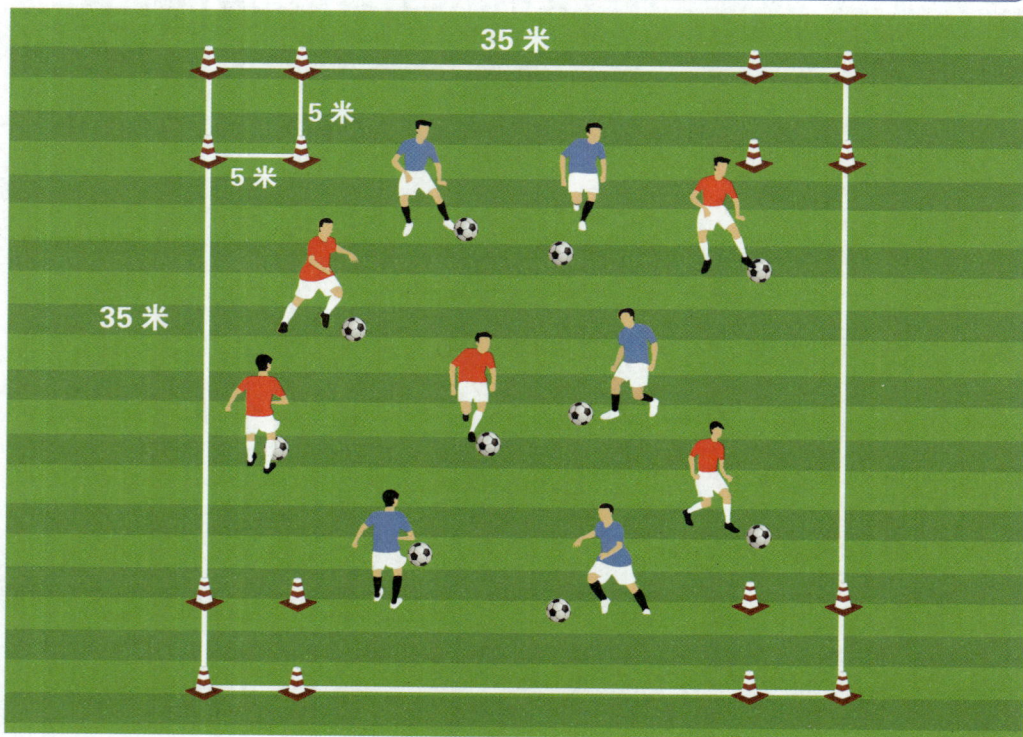

训练步骤

① 将球员平均分为 2 队，分别为红队与蓝队，球员分散在非安全区内，自由带球移动。

② 教练随机喊出一队的名称，该队的球员为"小鱼"，需迅速带球跑向安全区，且不能跑到距离自己最近的安全区；另一队的球员为"大鱼"，需放下球追逐"小鱼"。如果"大鱼"追上"小鱼"并触碰到他，则"大鱼"队得 1 分，而被触碰到的"小鱼"要去场外自行练习颠球；如果"小鱼"顺利跑到安全区，则"小鱼"队得 1 分。非安全区内没有"小鱼"时比赛结束。

③ 双方互换角色，开始下一轮比赛。最后得分高的队获胜。

第6章

11~12岁盘带与控球训练

本章主要针对球员的盘带与控球能力进行训练，并结合11~12岁少儿的身体特点，设计出了一些兼具技术性和游戏性的训练。这些训练不仅能继续强化少儿的控球能力，同时还能提高他们变速、变向的控球技能，让他们灵活运用各类假动作，并培养他们的战术意识。

本章图示说明

传球 / 射门   - - - - →

无球移动   ——→

有球移动   ～～～→

带球追逐训练

场地布置和组织方法

用 4 个大号锥桶围成长为 35 米、宽为 20 米的矩形场地。将球员平均分为 4 组，每名球员各持 1 球。

👤 : 12 人

🕐 : 10~15 分钟

💼 : 4 个大号锥桶，每名球员 1 个足球

35 米

20 米

训练步骤

① 将球员平均分为 4 组，教练随机指定 1 组为"捕食者组"。所有球员分散在场地内，自由带球移动。

② 教练发出信号后，"捕食者组"的球员试图追逐并触摸其他球员，被触碰到球员则被淘汰，离开场地后自行进行颠球练习。"捕食者组"每淘汰 1 名球员得 1 分。

③ 如果其他球员全部被淘汰，或是训练持续了 4 分钟，则一轮比赛结束，得分最高的"捕食者组"球员获胜。之后，教练指定另外 1 组为"捕食者组"，重新开始训练。

占领堡垒

场地布置和组织方法

用16个小号锥桶围成4个边长为5米的正方形，其内为堡垒区，并用其中4个顶点处的小号锥桶围成边长为30米的大正方形，如下图所示。

👤：18 人

⏱：5~10 分钟

💼：16 个小号锥桶，16 个足球

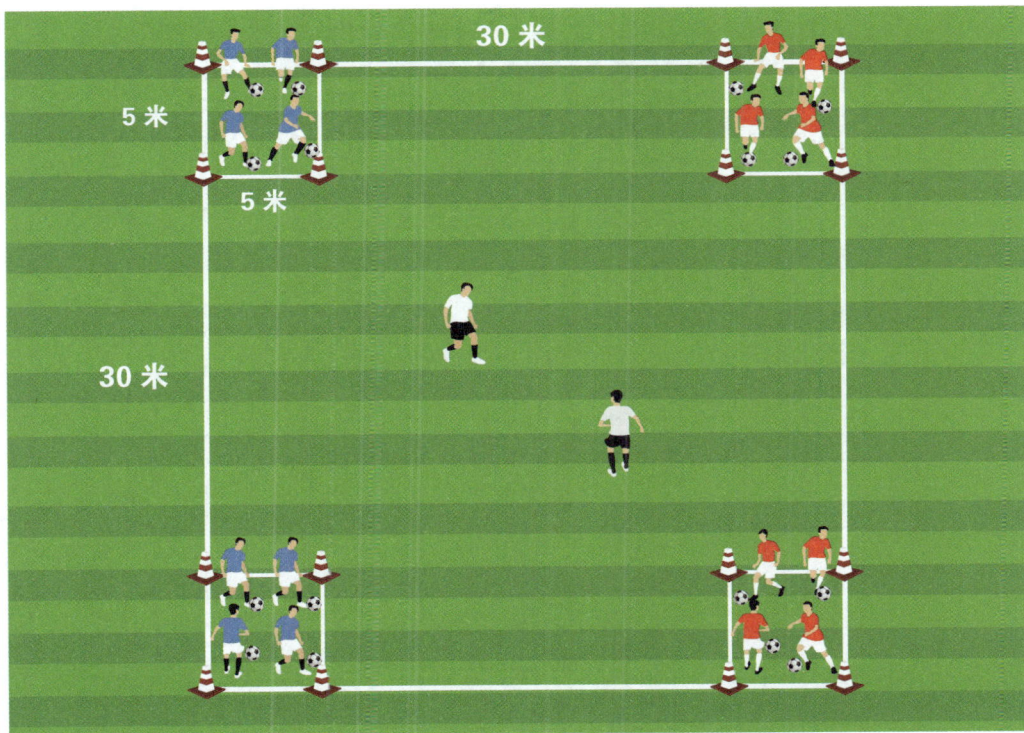

训练步骤

① 教练指定2名球员为追捕手，站在正方形的场地中间；其余球员每人各持1球，并平均分为4组，分别站在4个堡垒区内。

② 教练发出信号后，持球球员带球跑出堡垒区，向另一个堡垒移动。同时，追捕手试图追逐并触碰进入非堡垒区的持球球员。被触碰到的球员将球踢出场外变为追捕手。每个堡垒区最多容纳4名球员，且每名球员只能在其中停留5秒，之后必须继续带球跑向下1个堡垒区。

③ 持球球员每到达1个堡垒得1分；追捕手每触碰到1名球员得1分，最后得分高的球员获胜。

抢占球门

场地布置和组织方法

用 4 个大号锥桶围成边长为 30 米的正方形。每两个小号锥桶为 1 组，相距 2 米作为球门，均匀地排列放在一侧的边线上。

👤 : 8~16 人	
🕐 : 10 分钟	
💼 : 4 个大号锥桶，6 个小号锥桶，足球数量比球员数量少 3 个	

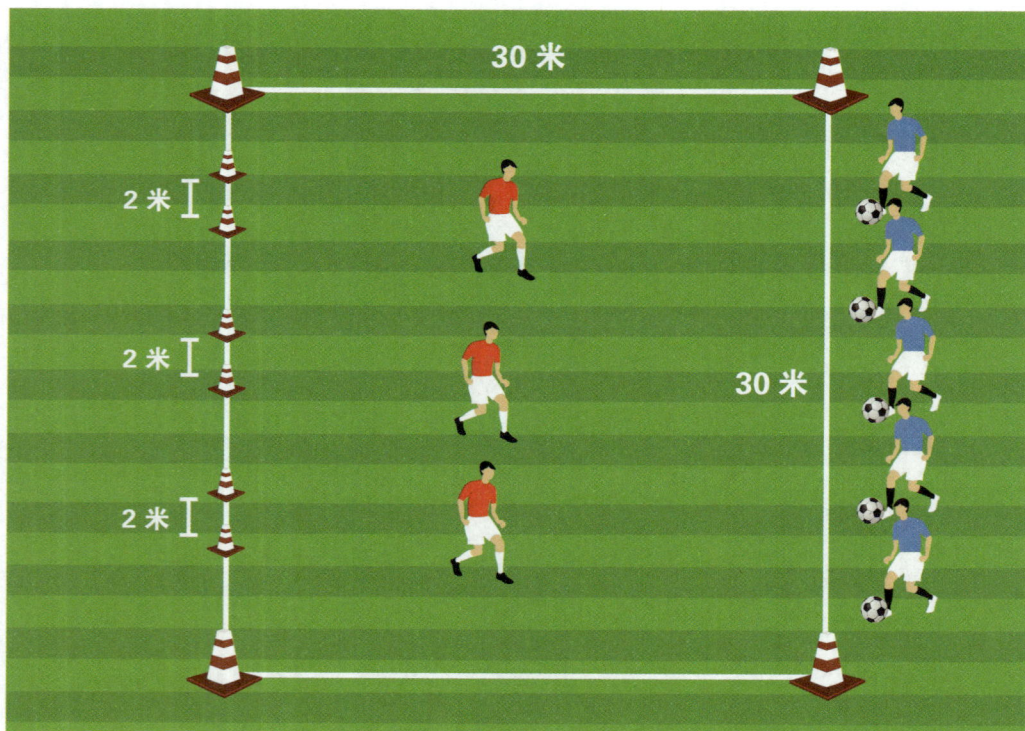

30 米

2 米

2 米

2 米

30 米

训练步骤

① 教练任意选择 3 名球员作为守门员，不持球站在场地中间，每名球员各守 1 个球门；其余球员站在与球门相对的边线之后，各持 1 球，面对球门。

② 教练发出信号后，持球球员带球出发，试图绕过防守球员带球从球门之间穿过，且每个球门只允许 1 名带球球员通过。最后成功穿过球门的 3 名球员各得 1 分。

③ 成功穿过球门的 3 名球员作为下一轮的防守球员，重新进行比赛。以此类推，直至达到规定时间。最后累计得分最高的球员获胜。

变速带球训练

场地布置和组织方法

用 8 个大号锥桶围成 2 个边长为 15 米的正方形场地，在其中各放置 4 个小号锥桶作为障碍物。另外分别在一侧边线放置 2 个小号锥桶作为球门，位置如下图所示。

👤 ：8人

🕐 ：5~10 分钟

💼 ：8 个大号锥桶，每名球员 1 个足球，12 个小号锥桶

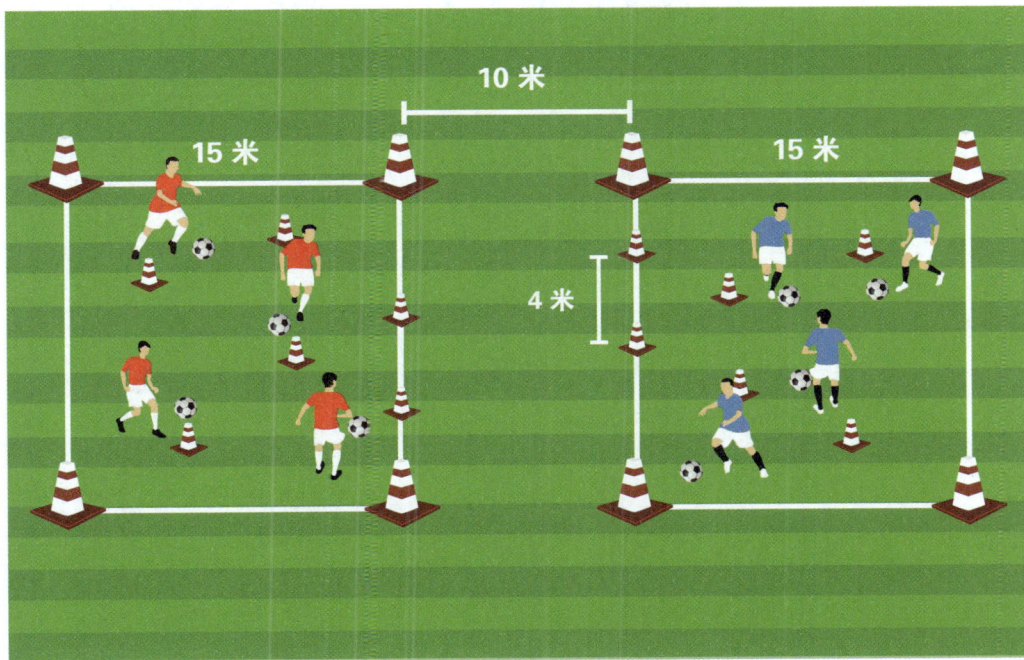

训练步骤

① 每名球员各持 1 球，平均分为 2 组，各自在场地内自由带球移动，并注意避开场内的障碍物。

② 教练随机喊出"快速""慢速""中速""交换场地"等口令。当听到"快速"口令时，球员们加快带球速度；听到"慢速"口令时，球员们减慢带球速度；听到"中速"口令时，球员们以适当的速度带球移动。在此期间，球员要始终将球控制在脚的附近。

③ 当听到"交换场地"口令时，球员们从所在场地的球门穿过，离开自己的场地；之后从另一个场地的球门穿过，进入另一个场地，要注意观察其他球员的位置，避免相撞。在球员交换场地的过程中，教练也可以继续喊出"快速""慢速""中速"等口令。

冲刺防守训练

场地布置和组织方法

用4个大号锥桶围成长为20米、宽为10米的矩形场地。2名球员面对面站立，分别站在场地的两端。

👤: 2人

🕐: 10分钟

💼: 4个大号锥桶，1个足球

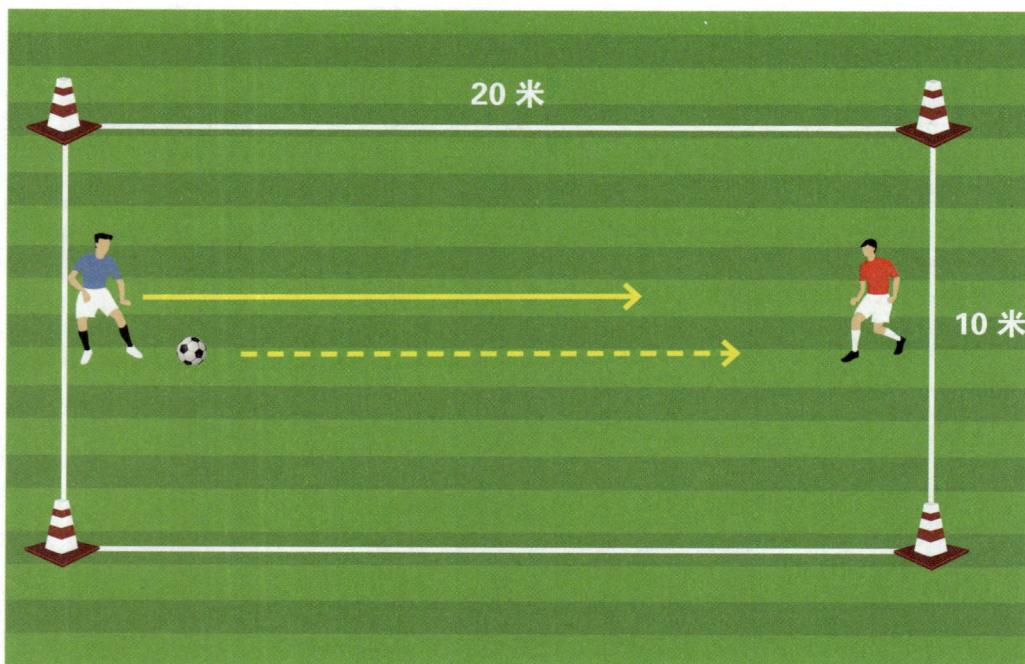

20米

10米

训练步骤

① 2名球员面对面站在场地的两端，其中1人持球。

② 教练发出信号后，持球球员将球踢给另一名球员，之后迅速向前冲刺，跑到该球员面前，在其接到球并开始带球移动后，对其进行防守，并试图抢球或将球踢出场外。接球球员则带球向对面移动，并试图突破防守，到达对面的边线。

③ 如果接球球员成功带球到达对面的边线，得1分；如果球被防守球员抢走或踢出场外，则防守球员得1分。之后2名球员交换角色，继续进行比赛，直至达到规定时间。最后得分高的球员获胜。